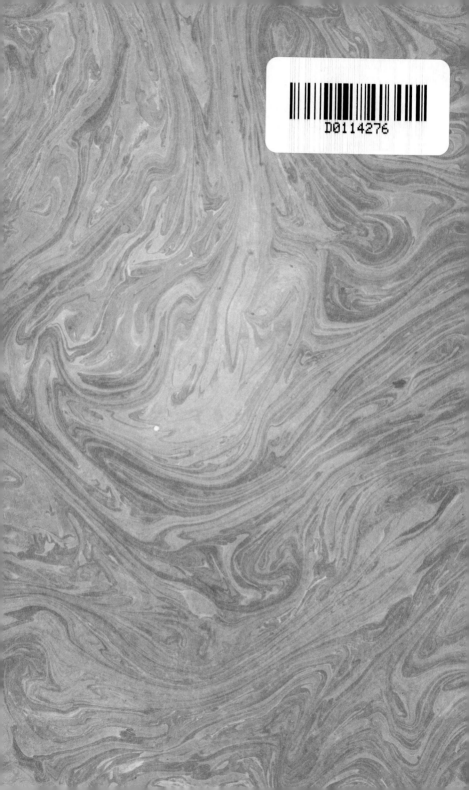

D0114276

COLÓN

Colección
Grandes Biografías

© EDIMAT LIBROS, S.A.
C/ Primavera, 35 Pol. Ind. El Malvar
Arganda del Rey - 28500 (Madrid) España
www.edimat.es

Título: *Cristóbal Colón*
Diseño de cubierta: *Juan Manuel Domínguez*

Dirección de la obra:
FRANCISCO LUIS CARDONA CASTRO
*Doctor en Historia por la Universidad de
Barcelona y Catedrático*

Coordinación de textos:
MANUEL GIMÉNEZ SAURINA
MANUEL MAS FRANCH
MIGUEL GIMÉNEZ SAURINA

ISBN: 84-8403-873-4
Depósito legal: M-29711-2003

Imprime: *Gráficas COFÁS, S. A.*

IMPRESO EN ESPAÑA - PRINTED IN SPAIN

INTRODUCCIÓN

«Porque, cristianísimos y muy altos y muy excelentes y muy poderosos príncipes, Rey y Reina de las Españas y de las islas de la mar, Nuestros Señores, este presente año de 1492, después de Vuestras Altezas haber dado fin a la guerra de los moros que reinaban en Europa y haber acabado la guerra en la muy grande ciudad de Granada, donde este presente año, a dos días del mes de enero por fuerza de armas vide poner las banderas reales de Vuestras Altezas en la torre de Alfambra, que es la fortaleza de dicha ciudad, y vide salir al rey moro a las puertas de la ciudad y besar las reales manos de Vuestras Altezas y del Príncipe mi Señor, y luego en aquel presente mes, por la información que yo había dado a Vuestras Altezas de las tierras de India y de un príncipe que es llamado Gran Khan, que quiere decir en nuestro romance Rey de Reyes, como muchas veces él y sus antecesores habían enviado a Roma a pedir doctores en nuestra santa fe porque le enseñasen en ella y que nunca el Santo Padre le había proveído y que se perdían tantos pueblos creyendo en idolatrías o recibiendo en sí sectas de perdición, Vuestras Altezas, como católicos cristianos y Príncipes amadores de la santa fe cristiana y acrecentadores de ella y enemigos de la secta de Mahoma y de todas las idolatrías y herejías, pensaron enviarme a mí, Cristóbal Colón, a las dichas partidas de Indias para ver de dichos príncipes y los pueblos y tierras y la disposición los ellas y de todos, y la manera que se pudiera tener para la conversión de ellas a nuestra fe...»

Esta misiva, dirigida por Cristóbal Colón a los Reyes Católicos, parece querer indicar el carácter misional del navegante cuando partió hacia las Indias. Sin embargo, este rasgo del viaje ha sido negado por diversos autores.

Sirva esta muestra como botón de las grandes dificultades existentes al querer trazar una biografía de Cristóbal Colón. Todo en su vida, particularmente en su primera parte, como veremos, se presta a controversia, discusión y confusión: desde el lugar y la fecha de su nacimiento, a quiénes fueron sus padres y sus familiares más allegados.

La vida de Cristóbal Colón es un enigma y sólo como tal debe aceptarse y tratarse. Y ello no es precisamente por falta de documentos y pruebas, sino tal vez por todo lo contrario, pues hay argumentos de que era genovés de origen, como los hay de que había nacido en Córcega, exactamente en Calvi, o en Cataluña, tal vez en la misma Barcelona, o en La Coruña.

Es, pues, tremendamente difícil hacer luz donde desde hace quinientos años no ha sido posible disipar la oscuridad que envuelve todo o casi todo cuanto se refiere al hombre que con su tenacidad, su brío y su inteligencia náutica logró encontrar un nuevo continente para el mundo.

Bibliografía

De la copiosísima bibliografía sobre Cristóbal Colón, su biografía, sus planes y las consecuencias del «Descubrimiento», recomendamos:

ANZOÁTEGUI, I.: *Edición de los Diarios de viaje del Almirante y su testamento*, Espasa Calpe, Buenos Aires, 1946.

BALLESTEROS, A.: *Cristóbal Colón y el Descubrimiento de América*, Ed. Salvat, Barcelona, 1945. Obra clásica, todavía fundamental.

CIORANESCU, A.: *Primera biografía de Colón*, Aula de Cultura, Tenerife, 1960.

FERNÁNDEZ DE NAVARRETE, M.: *Viajes de Cristóbal Colón*, Espasa Calpe, Madrid, 1934.

MADARIAGA DE, S.: *Vida del muy magnífico señor don Cristóbal Colón*, Ed. Sudamericana, Buenos Aires, 1944.

MANZANO, J.: *Colón y su secreto. El predescubrimiento*, Cultura Hispánica, Madrid, 1872.

MENÉNDEZ PIDAL, R.: *La lengua de Cristóbal Colón*, Espasa Calpe, Madrid, 1942.

MORISON, S.: *El Almirante de la Mar Océana. Vida de Cristóbal Colón*, Ed. Hachette, Buenos Aires, 1945.

ROMEU, A.: *Colón en Barcelona*, Ed. Católica Española, Sevilla, 1944.

SANZ LÓPEZ, C.: *El gran secreto de la carta de Colón*, V. Suárez, Madrid, 1959.

VARELA, C.: *Crisóbal Colón. Textos y documentos completos*, Madrid, 1982.

VERLINDER, Ch.: *Cristóbal Colón y el Descubrimiento de América*, Rialp, Madrid, 1967.

XIMÉNEZ SANDOVAL, F.: *Cristóbal Colón*, Cultura Hispánica, Madrid, 1968.

7

CAPÍTULO I

EL GRAN MISTERIO DE CRISTÓBAL COLÓN

La figura de Colón está rodeada de un gran misterio: el de su nacimiento. Y no parece que los años o siglos venideros vayan a descorrer el velo de ese enigma.

Hoy día son ya más de setenta las ciudades o pueblos los que padecen la manía de inscribir el nombre del glorioso navegante en el panteón de sus glorias locales.

Al principio, nadie supo ni a nadie le importó saber el lugar en que pudo nacer aquel hombre descubridor de mundos ignotos, siempre absorto ante el espectáculo del mar.

Tampoco él se preocupó demasiado por sus orígenes, o quizá, tal vez, sí le interesó no revelarlos por algún secreto que ni a sus hijos confió.

Mas de repente, cuando su nombre llenó el mundo antiguo, con el clamor de un mundo nuevo, todos los pueblos sintiéronse invadidos por el deseo de haber sido la cuna de un hombre tan insigne.

Colón, por su parte, repetimos, no pareció querer acordarse del nombre de la ciudad que le vio nacer, y en la que seguramente jamás fue profeta.

Cuando un ser genial, mayor de edad, conocedor de las tierras y de los hombres, y con gran experiencia, cambia de nacionalidad y se crea un nuevo vínculo tan fuerte como es la relación del individuo con el lugar de su nacimiento, no cabe duda de que algo muy grande pasa por su alma. Algo tremendo, algo capaz de romper todas las ataduras de la sangre, el idioma incluso, engendrando otras nuevas.

Es evidente que Colón renunció a todas las patrias chicas. Claro que no debieron de ser solamente las miserias o injusticias de su ciudad natal las que le apartaron del lazo trascendental e íntimo. Pero con razón o sin ella, con documentos más o menos auténticos, muchas son las ciudades que se disputan el honor de haber sido su *ciudad* natal. Son ciudades de Italia, Portugal, Francia, Cataluña, Galicia, Extremadura y Andalucía, las cuales se consideran con derecho a esgrimir el nombre de Colón como estandarte glorioso.

En Italia hay probabilidades de que la cuna de Colón fuese Génova, Bugiasco, Savona, Piacenza o Livorno, entre otras.

El chauvinismo francés le inventó otra patria: Córcega, y exactamente la ciudad de Calvi, sin darse cuenta de que en tal caso Colón sería español de origen, puesto que en la época aproximada de su nacimiento la isla de Córcega pertenecía a la corona de Aragón[1].

También Portugal hace suyo al Gran Almirante, haciéndole natural de Lisboa, Oporto o cualquier otro puerto atlántico.

En España abundan asimismo las supuestas patrias chicas de Colón. Y así tenemos los que defienden con tenacidad, como La Riega, que era gallego de Pontevedra; o Solárzano, que le convierte en sevillano o al menos en andaluz basándose en su amor a la ciudad de la Giralda y en sus años de residencia en la misma; Paredes le hizo oriundo de Plasencia, en Extremadura, nieto del judío converso Pablo de Santa Marta, más adelante obispo de Burgos y Cartagena.

---

[1] Si bien el dominio catalano-aragonés en la isla fue siempre más nominal que real, probablemente a mediados del siglo XV ya había sido abandonado definitivamente ¡precisamente en beneficio de la República de Génova!

Cristóbal Colón, el descubridor del Nuevo Mundo.

Otros le suponen mallorquín, y muchos catalán. Nada se sabe de cierto, pero hay una hipótesis que podría ser la clave del misterio del verdadero origen de Cristóbal Colón.

Colón, catalán

Según el historiador Ballesteros[2], Cristóbal Colón fue catalán, y más concretamente, con toda probabilidad, nacido en la misma Barcelona. Tampoco se habría llamado Cristóbal, sino Joan Colóm.

Y la clave del secreto que guardó tan celosamente durante toda su vida, e incluso en el momento de su muerte, sería la siguiente:

Joan Colóm, era hijo de un criminal que, tras ser perseguido por la justicia, acabó sus días colgado de un árbol de la riera, que hoy es el hermoso y conocido internacionalmente paseo de Las Ramblas. Porque tal era la costumbre de la época.

Naturalmente, Joan Colóm, inteligente, ansioso de aprender, deseoso de ser un buen marino, ya desde muy corta edad, seguramente ayudado por algún pariente o amigo de su padre, marchó a Italia, para ocultar tan vergonzosa mancha caída en su apellido, y allí italianizó su nombre, cambiando el vulgar Joan por el más sonoro Cristóbal, o Christóforo en italiano.

En aquellos tiempos, un cambio de personalidad no era muy difícil, habida cuenta de la poca importancia que se

---

[2] Se trata de ANTONIO BALLESTEROS Y BERETTA, sabio catedrático que fue de la Universidad Central de Madrid, que admitió tal hipótesis pero curiosamente intentó probar la tesis genovesa en dos volúmenes (t. IV y V de la *Historia de América y de los pueblos americanos*, Ed. Salvat, Barcelona, 1945). En realidad, las primeras elucubraciones sobre la catalanidad colombina las realizó Luis Ulloa, bibliotecario de la Biblioteca Nacional de Lima, en 1927. La tesis catalana evolucionó posteriormente en manos de Carreras Valls hacia la indicación más concreta de que Colón era de Tortosa.

concedía a la documentación personal, e incluso a los registros de las iglesias.

No hay duda de que esta explicación, apoyada no obstante en bastantes documentos, puede ser tan sólo una fantasía más de las muchas que se han tejido en torno a la ciudad donde Colón vio la luz primera, pero al menos justifica por completo el secreto guardado tan celosamente por el navegante y descubridor.

Colón, genovés

Ésta ha sido la tesis más difundida y aceptada generalmente por los historiadores y por el vulgo.

Algunos suponen que nació en el año 1451, el mismo en que Isabel, la reina de Castilla, vio la luz en Madrigal de las Altas Torres. Sin la menor certeza, a pesar de muchos documentos que parecen demostrarlo, pero carentes de un valor de autenticidad, los indicios genoveses permiten suponerle primogénito de un tabernero y tejedor genovés llamado Doménico, casado con Susana Fontanarrosa o Fontanarrubea, nacida en el valle del Bisaguo; y hermano de Bartolomé, Juan Pellegrino, Giácomo y Bianchinetta. De Pellegrino y de la niña no se sabe nada, pues debieron de morir muy niños.

Desdichadamente para el Almirante, Bartolomé y Giácomo (en español Diego), llegaron a la edad de creerse con derecho a participar en la misma hazaña que su hermano mayor.

Doménico, Susana y sus hijos, por azares de la fortuna, vivieron sucesivamente en Génova, Saona y Villa Quinti. Con el oficio de tejedor de lana compartía Doménico la profesión de hostelero a fin de poder subvenir a las necesidades de los suyos.

Seguramente no es más que una leyenda lo de haber estudiado Colón en la Universidad de Pavía o Padova, aprendiendo Latín y Retórica, Astronomía y Teología, con sabios maestros renacentistas.

Es harto más probable que toda su ciencia, todo su saber, ni demasiado ni muy selecto, lo adquiriese en el patio de la hostería y en el puerto de la ciudad mediterránea (siempre en el supuesto, ni probado ni admitido por todos, de que realmente fuese genovés).

Sería allí, entre gente de toda clase, donde Colón aprendería muchas cosas de la vida, y particularmente del mar, con éste tan cerca. Colón debía soñar, ya de adolescente, con aventuras, como las que con toda seguridad relatarían algunos de los que frecuentaban el figón de su padre.

La leyenda, que pretende pasar por historia, narra que en cierta ocasión el muchacho y su padre discutieron acerca del porvenir del primero. Cristóbal no deseaba ser tejedor como su progenitor, y menos todavía tabernero. Y al final, comparándose con David, el rey que venció a Goliath, según la Biblia, exclamó:

—¡Lo mismo que el rey David venció a Goliath, así espero yo dominar al océano gigantesco!

Y es posible que a aquella misma hora un individuo de una isla muy lejana, sin nombre conocido ni sitio en la cosmografía de aquel tiempo, arrojase al mar un pedazo de madera tallada con signos extraños, para que, andando el tiempo, lo recogiese Christóforo Colombo en la playa de Porto Santo.

CAPÍTULO II

UNA VOCACIÓN IRREVOCABLE

Tal era la vocación del adolescente Cristóbal: el mar. El mar le atraía apasionadamente. Su padre deseaba que el hijo continuara con la profesión que a él y a su familia les procuraba el sustento, pero Cristóbal sólo miraba el mar, sólo en su infinita grandeza encontraban eco sus ilusiones, sus afanes de gloria.

Y así le pidió al autor de sus días que le permitiese embarcarse. Su madre se opuso, llorando, a tan espantoso anhelo. Sabía que el mar robaba vidas sin compasión. Pero si aquella oposición era muy fuerte, no lo era menos la tenacidad de Cristóbal, decidido a cruzar los mares, tal vez a adentrarse por aquel mar tenebroso que limitaba la tierra por Occidente.

Y al fin, venció la terquedad del que sería un día Gran Almirante. Christóforo fue al mar.

Ya algo tardíamente, hacia 1475, contando 24 años, si había nacido realmente en 1451, o algunos más según la cuenta de otros nacimientos achacados al gran navegante pisó por primera vez el suelo frágil de una galera genovesa, camino de Oriente. Pero no iba como marinero sino como pasajero. No iba como osado grumete, trepando por los palos para remendar las velas, sino como comerciante encargado de custodiar los fardos de lienzos y telas diversas, tejidos en casa de su padre, consignados a los mercaderes griegos del archipiélago.

La galera de la Señoría de Génova recorrió las islas del mar Egeo, tocando en los puertos de Corfú, Chipre, Rodas, Lemnos. Aquella parte del Mediterráneo carecía ya de riesgos y aventuras de fábula, como los que había cantado el ciego Homero. Sólo existía a la sazón el peligro de los piratas turcos, siempre ávidos de aprisionar con grilletes los tobillos de los cristianos.

Una vez hubo sido vendida la carga textil a sus compradores, Colón volvió a Génova. Naturalmente, aquel viaje no había sido inútil para el joven, puesto que en el mismo había aprendido diversas cosas del arte de navegar, junto con el vocabulario empleado por los viejos lobos de mar. Y a partir de aquel instante, Colón empezó a atribuirse aventuras marinas, seguramente oídas a alguno de los tripulantes de aquel viaje y de los otros que realizó. ¿Por vanidad? Mejor tal vez por la propia frustración y para darse ánimos a sí mismo.

Nuevo viaje de Colón por mar

Como el primer viaje había reportado pingües beneficios económicos al negocio familiar, no tardó en obtener el beneplácito de sus padres para emprender otra travesía en 1476.

El rumbo fue distinto, llevándole a unos mares más brumosos, menos soleados y alegres que el Mediterráneo. A la fría y lejana Inglaterra.

Cuatro galeras de los armadores Giorgio Antonio di Negro y Nicola Spinola se disponían a zarpar hacia el Norte. Debían seguir la ruta mediterránea, y atravesar por entre las columnas de Hércules para desembocar en la Mar Océana y subir costeando por Portugal y Galicia, por el promontorio de Sagres, estuario del Tajo y el gigantesto cabo de Finisterre, nombre que resultó falso a todas luces[1]. Luego, por el golfo de Vizcaya hasta el paso de Calais.

---

[1] En latín, Finisterre debe traducirse por Fin de la Tierra; nombre que no sólo se encuentra en la punta noroeste de España, en Galicia, sino también en Gran Bretaña. (Land's End), cabo situado en el extremo suroeste del condado de Cormalles.

16

Y Christóforo tomó pasaje en una de las galeras, vigilando las telas de su padre.

Pero al joven le incitaba la aventura de aquel viaje, por unas aguas poco menos que desconocidas y seguramente muy peligrosas. Además, cerca de Inglaterra se hallaba la isla de Thulé, última tierra conocida. Cuando las galeras doblasen el cabo de San Vicente, tendrían a su izquierda el enigma espantoso del Mar de las Tinieblas, también llamado Mar Proceloso. ¡Qué emoción si el viento obligaba a las galeras a fondear en una rada de las Indias! Porque por Occidente era posible llegar a Oriente. Zarpando de las tierras cristianas era posible llegar a las de Gran Khan. Christóforo ignora cómo puede ser, pero lo oyó contar y lo creyó firmemente.

Aunque Génova no estaba en guerra con ninguna nación, sus naves iban pertrechadas con armas, a fin de precaverse contra los piratas y corsarios franceses, ingleses y lusitanos que infestaban aquellos mares.

Y aquellas armas, culebrinas, bombardas y falconetes, no sobraron en aquella travesía, que hubiera debido ser puramente comercial.

Efectivamente, apenas doblado el cabo de San Vicente, los vigías divisaron unas velas amenazadoras en el horizonte, y en las galeras se dio la orden de zafarrancho de combate.

Los navíos enemigos eran franceses y portugueses, al mando de un aventurero audaz, mitad almirante, mitad capitán pirata, de origen gascón y como tal fanfarrón, servidor del rey de Francia: Guillaume Casanave de Coullon, del que Christóforo se había creído sobrino en su niñez.

Los piratas sabían que una galera genovesa siempre era una presa excelente, por lo que intimaron a las cuatro a la rendición, pero los genoveses no estaban dispuestos a entregarse sin resistencia y empezó el fuego.

El combate fue encarnizado. La galera en la que iba Colón fue alcanzada por los artilleros contrarios, desmantelada, abordada y trabada con ganchos y cadenas, según costumbre, a una nave enemiga. Tripulantes y pasajeros, pese a todo, luchaban con ardor y Christóforo resultó herido. Pero cuando su nave empezó a hacer agua tuvo fuerzas suficientes para arrojarse al mar y nadar desesperadamente hasta asirse a un madero.

Muchos de sus compañeros no tuvieron tanta suerte y se hundieron con la galera, entre gritos de dolor y maldiciones.

Tras largas horas de angustia, desfallecido, moribundo, llegó a una playa de pescadores, donde fue acogido y hospedado. Allí le curaron y escucharon su relato. Y por aquella gente supo que acababa de combatir contra su «tío» Coullon.

Y al oír que aquellos buenos pescadores alababan las hazañas atribuidas a Coullon, a partir de aquel momento aseguró, no que iba en una galera genovesa, sino que se hallaba sirviendo a las órdenes del almirante francés Coullon, habiendo tomado parte en diversos combates especialmente sangrientos.

¡De esta manera, Colón iba tejiendo su propia leyenda!

El año anterior, en Chios, también se había atribuido el mando de un navío del rey René de Nápoles (tras haberse enterado de que en dicha nave iba un tal Colón, aragonés probablemente). Agregaba asimismo que había navegado a las órdenes de Colombo el Joven, en 1459. No importaba que en aquella fecha, él tuviera menos de diez años. ¿Quién iba a pedirle precisión de datos? Colón estaba decidido a forjarse una historia marina y militar muy interesante, contando a todo el mundo sus soñadas aventuras, con gracia y desparpajo, cosas que como buen mediterráneo (sea genovés, corso o catalán) no debían faltarle.

Y convencido de que la mentira y la farsa iban a ser muy necesarias en su vida, se formó el firme propósito de usarlas en beneficio propio, aunque jamás las utilizó para perjudicar a otros.

18

Así, por ejemplo, cuando más tarde exigió títulos sonoros para emprender su audaz aventura, silenció su primera profesión junto a su padre, y los motivos de sus primeras travesías y afirmó haber mandado en 1473 una galera del rey René (él escribía Reinel) y combatido en la acción del cabo San Vicente y en las de Colombo el Mozo o Joven, que habían atacado a cuatro galeras venecianas procedentes de Flandes.

Arrogante, vanidoso, Cristóbal Colón prefirió pasar a la historia como un corsario temible y temido que como un vulgar comerciante de telas y brocados.

Mucho se ha especulado acerca de tales aventuras, e incluso algunos las han tomado por verídicas. Y para ello han buscado apoyo en una teoría: ¿no es posible que Cristóbal Colón, en esa temprana época de su vida de la que apenas nada se sabe, hubiese estado embarcado en alguna nave vikinga y que a las órdenes de algún jefe adorador del dios Thor, como Erik el Rojo, por ejemplo, hubiese llegado ya a las costas del continente que más tarde se llamaría América? En este caso se comprendería la tozudez, la seguridad con la que siempre habló, tanto en el convento de La Rábida como ante la corte de los Reyes Católicos, acerca de la posibilidad de realizar el viaje que soñaba, enumerando incluso las riquezas que del mismo se obtendrían.

¡Y se comprendería mejor el término de tres días que pidió ante el amotinamiento de su tripulación en el viaje a América! De no haber estado ya allí, arguyen los defensores de tal teoría, ¿cómo habría podido precisar el número de días con tal exactitud?

Leyendas, misterios, enigmas... tal es la vida de Cristóbal Colón, que tal vez ni siquiera se llamaba Cristóbal o Christóforo.

CAPÍTULO III

COLÓN LLEGA A PORTUGAL

Tras aquel combate que pudo costarle la vida, Cristóbal, que tal vez se hacía llamar todavía Christovam o Christovao, llegó a las costas de Portugal.

Los navíos genoveses que se salvaron de la batalla regresaron a Cádiz, pero Colón, mintiendo al alegar que había luchado en el bando del pirata Coullon, su tío, se quedó en Portugal. Contaba a la sazón 25 años y llevaba ya algunos de navegación, aunque sólo hubiera sido como comerciante. (Algunos biógrafos aseguran que llevaba ya quince años por los mares, en calidad de pirata o simplemente como marinero bajo diversos pabellones.)

Por aquellos años, Portugal figuraba a la vanguardia de los descubrimientos terrestres y marítimos. Y así en 1419, los lusitanos habían descubierto Madeira; en 1434, Gil Eanes dobló el temible cabo Bojador, y en 1445, Dinis Dias había hallado Cabo Verde.

El verdadero impulsor de tales descubrimientos era Enrique el Navegante, tercer hijo de Juan I de Portugal, y fundador de la Escuela Náutica de Sagres, en el cabo de San Vicente.

Los avances descubridores —escribió Morales Padrón—, *no se debieron sólo a la acción personal del Infante, pero él es una figura clave en ellos. Portugal, con una geografía apuntando al misterioso*

21

Atlántico, estaba determinado a lanzar a sus hombres sobre él.

Don Enrique se movía tanto por afanes comerciales como por intereses científicos, razones políticas y convicciones religiosas.

El portugués Diego Gomes, por su parte, señaló entre los proyectos del infante Enrique el descubrimiento de la ruta de la India dando la vuelta al continente africano y la exploración del Occidente en busca de las islas y tierra firme de que hablara Ptolomeo.

Colón estuvo ocho años en Portugal y no hay duda de que durante los mismos amplió mucho sus tal vez algo exiguos conocimientos de cosmografía, cartografía, astrología y el arte del mar en general.

También fue allí donde se encontró con su hermano Bartolomé. ¿Cómo había llegado Bartolomé, unos diez años más joven que Cristóbal, a Portugal? Éste es otro enigma que sumar a los muchos que rodean a Colón. ¿Había también viajado por mar, como afirman algunos biógrafos, desde los diez años de edad? ¿O tal vez habría huido también por ser su padre un judío o un criminal? Y en ese caso... ¿a qué edad vería Colón apresar o tal vez colgar a su padre? Y si Colón era genovés realmente, como parece desprenderse de su testamento (aunque pueda tratarse de una falsificación o interpolación), ambos hermanos debieron abandonar la casa paterna a muy temprana edad, para hallarse ambos en Lisboa, contando Colón veinticinco años y Bartolomé quince. Mas sea como sea, prosigamos con el relato de la vida de Cristóbal Colón.

Conocimiento de la carta de Toscanelli

Fuese cual fuese el porqué de la presencia de Bartolomé en Portugal y cómo se reunieron los dos hermanos, es seguro

En tiempos de Colón tomaron gran incremento la cartografía y otras ciencias relacionadas con la navegación.

que tanto el uno como el otro se dedicaron a la profesión de libreros, ganándose el sustento trazando mapas, cartas de navegación, navegando incluso y viviendo en contacto con la gente de mar.

Es por esto que Salvador de Madariaga, dice, estableciendo un nuevo vínculo entre los judíos de Barcelona, Mallorca, Génova y Lisboa:

> *Eran entonces, como es sabido, la cosmografía, la astronomía, y el arte de hacer cartas de marear, ocupaciones si no exclusivas, por lo menos predominantes de los judíos. Una mayor libertad de pensamiento, una mejor disposición hacia las lenguas orientales, el continuo viajar y, por lo tanto, un mejor conocimiento de rutas distintas y caravanas, mayor información sobre tierras lejanas a causa de la universalidad de su raza y de su actividad comercial, eran todas circunstancias favorables para que la gente hebrea figurase a la cabeza del noble esfuerzo que entonces se hacía para desarrollar el conocimiento de la Tierra y del cielo y de su verdadero tamaño y forma.*
>
> *En Lisboa había florecido siempre y seguía floreciendo entonces una rica y activa colonia judía, cuyo prestigio, tanto social como intelectual, había subido en época reciente gracias a la fuerte proporción de maestros cosmógrafos y de hombres de ciencia hebreos que figuraban entre los que el infante Don Enrique había reunido en Sagres. Al tiempo en que Colón llega a Lisboa, figuran a la cabeza de estos estudiosos dos ilustres judíos, Mestre Joseph Vizinho, médico del Rey, y el célebre astrónomo español Abraham Zacuto.*

En el año 1470, Alfonso V de Portugal nombró a su hijo, el infante Juan, más tarde Juan II, jefe de las expediciones y descubrimientos portugueses. Este príncipe impulsó las exploraciones lusas, estableció reglamentos sobre el tráfico marítimo y auspició los astilleros. En aquella época, para llegar a la India sólo se creía posible una vía: bordear las costas africanas. Y éste era el rumbo que intentaron seguir los portugueses con magnífico empeño. En Lisboa fue donde se hicieron planes para lograr tal consecución, y así el canónigo Fernando Martins le manifestó al infante Juan que en un viaje a Italia había hablado extensamente sobre este asunto con Paolo del Pozzo Toscanelli, célebre humanista, físico y matemático florentino, el cual estaba convencido de que era posible navegar por el Poniente hacia la India.

El príncipe Juan sintiose interesado por las revelaciones del canónigo Martins y le suplicó que escribiera a Toscanelli, a fin de recibir informaciones más concretas.

Toscanelli respondió con fecha 24 de junio de 1477, enviando en la misma

> *... un mapa hecho por mis propias manos, en el que están dibujados vuestros litorales e islas desde las cuales podréis empezar vuestro viaje hacia el Oeste y los lugares a los que debéis llegar y la distancia al Polo y línea Equinoccial a que debéis ateneros y cuantas leguas habréis de cruzar para llegar a aquellas regiones fertilísimas en toda suerte de aromas y gemas; y no os extrañéis que llame Oeste a la tierra de las especias, siendo así que es usual decir que las especias vienen de Oriente, porque el que navegue hacia Poniente por el hemisferio inferior hallará siempre aquellas partes del Oeste, y el que viaje por tierra en el hemisferio superior las encontrará al Oriente.*

En la carta de Toscanelli constaban las medidas de la Tierra y la distancia entre la costa occidental de Europa y la oriental de Asia. Según el físico florentino, resultaba más sencillo llegar a la India, China o Catay y Japón o Cipango, por el Oeste que costeando Africa.

Según Morales Padrón:

> Colón logró leer una copia de la carta de 1477 y otra que ratificaba su contenido. En Marco Polo radicaba todo el quid del problema, puesto que Toscanelli había aceptado los 30° de longitud que Polo añadió al extremo de China. Colón llevó la idea más lejos todavía: siguiendo a Marino de Tiro añadió al continente asiático 45° de extensión hacia el Este, y calculó que el Océano entre Europa y Asia era más estrecho de lo que Toscanelli suponía; entre Canarias y Cipango corrían para el florentino 3.000 millas náuticas, mientras que para Colón sólo había 2.400. En realidad, los científicos del siglo XV no eran muy exagerados, ya que en realidad son 10.600 las millas marinas que separan a Canarias del Japón.

Colón, inflamado por la lectura de los viajes de Marco Polo, el *Imago Mundi* de Pierre d'Ailly, y la *Astronomía* de Ptolomeo, viajó hasta la isla de Thule, o sea la actual Islandia.

Muchos biógrafos niegan este viaje, pero el padre Las Casas, que siempre acompañó a Colón en su aventura americana, alega este testimonio:

> En unas anotaciones que hizo (Colón) de cómo todas las cinco zonas son habitables, probándolo por experiencia de sus navegaciones, dice así: «Yo navegué el año de cuatro cientos y setenta y siete en el mes de febrero, ultra Thule, isla cien leguas, cuya parte austral dista del equinoccial 73° y no 63° como

algunos dicen, y no está dentro de la línea que incluye el occidente, como dice Ptolomeo, sino mucho más occidental, y a esta isla, que es tan grande como Inglaterra, van los ingleses con mercaderías, especialmente de Bristol, y al tiempo que yo a ella fui no estaba congelado el mar, aunque había grandísimas mareas, tanto que en algunas partes, dos veces al día subía la marea 25 brazas o descendía otras tantas en altura.»

Salvador de Madariaga, aunque reconociendo errores enormes en dicho texto, no duda de que Cristóbal Colón estuvo en la isla de Thule.

Lo cierto es que conocía su existencia, y algunos datos como lo de ser una «isla tan grande como Inglaterra», y el comercio con mercaderías de Bristol, dan lugar a serias dudas sobre quienes niegan que hubiera estado allí en persona.

Finalmente, la última vez que Colón estuvo por lo visto en Génova fue en abril de 1479, después de un viaje hecho a Madeira para adquirir azúcar por cuenta de Paolo di Negro, genovés que vivía en Lisboa, y seguramente pariente de Negro, un poderoso judío de Portugal, pero, en definitiva, intermediario de la Casa Centurione, en la que trabajaba Colón.

El filósofo hispano-cordobés Séneca, en el siglo I d. C. escribió en su tragedia *Medea*, versión latina de la heroína griega, unos versos que constituyen una auténtica profecía del descubrimiento, en la que se menciona con toda claridad la palabra *Thule*. Dicen así:

*Venient annis sæcula seris
quibus Oceanus vincula rerum
laxet, et ingens pateat tellus,
Typhisque novos detegat orbes,*

27

nec sit terris ultima Thule.

(«Sucederá, con el lento curso de los siglos, que el océano relajará las cadenas que lo encierran; el mar inmenso se abrirá ante los hombres; Tetis mostrará nuevos mundos, y no será ya Tule la última tierra.»)

Identificada con Islandia, Thule habría sido descubierta por el navegante griego Piteas de Marsella y se hallaba a seis días de navegación al norte de las Orcadas. Era la tierra más alejada de que los antiguos tuviesen noticia hacia el noroeste. En el Renacimiento, el geógrafo Ortelius, recordando precisamente que Séneca era español, interpreta como muy lógico que se tratase de una verdadera profecía del descubrimiento.

El mismo Séneca, como antes Eratóstenes o Posidonio de Apamea, estaban convencidos de la esfericidad de la Tierra; en lo que disentían era en la mayor o menor longitud del diámetro de su circunferencia. El mismo Séneca había escrito al respecto: *«Un observador ávido de curiosidades no puede menos que despreciar las estrecheces de nuestro domicilio y preguntarse: ¿Cuál es el intervalo que separa las Indias de la extremidad de Hispania? Este espacio podría ser franqueado en algunos días por un navío que se viese empujado por viento favorable.»*

Verosímilmente, Colón podía conocer la secuencia de los versos de Séneca, y resulta aún más probable que hubiera visto con sus propios ojos lo que elucubraba el filósofo hispano, en mayor o menor grado, faltaba muy poco para que pusiera en marcha su gran proyecto.

Al parecer, Paolo di Negro sólo proporcionó a Colón la décima parte de la cantidad necesaria para el pago del azúcar, lo que le situó en una posición delicada, y el 25 de agosto de 1479 compareció ante la banca de su patrono Luigi Centurione, tal como consta en el denominado documento de

Assereto por haber sido encontrado y publicado en 1904 por un tal Ugo Assereto en el *Giornale Storico e Letterario della Liguria* dentro de un artículo que tituló «La data di nascita de Cristoforo Colombo», texto que A. Ballesteros resume extensamente. Colón acudió así a justificarse y explicó por qué no había podido comprar todo el azúcar que se le había ordenado y añadió para identificarse que era *civis Janue*, ciudadano de Génova, y que tenía veintisiete años.

Colón salió airoso de su justificación y continuó tratando con la Casa Centurione, así como con Paolo di Negro; tanto aquella como éste serían después mencionados en su testamento. Al día siguiente partiría de Génova para Lisboa.

CAPÍTULO IV

COLÓN, EN PORTO SANTO

A la vuelta del viaje realizado en 1479 a Génova, donde en lugar de estrechar los lazos con sus parientes, incluso con sus padres, se afirmó más en su quimera de ser un gran descubridor, Colón se interesó por una doncella a la que ya conocía y con la que había mantenido algunas charlas triviales como solía ser habitual en los enamorados de aquella época: siempre a escondidas, en algún descuido de la dueña, o rozándose los dedos en la pileta del agua bendita de alguna iglesia.

La joven en cuestión se llamaba Filipa Moniz (o Muñiz) de Perestrello. Pertenecía a una familia linajuda, pues Bartolomé Perestrello, seguramente de origen italiano, había sido antiguo militar y navegante a las órdenes del infante don Enrique.

Perestrello había tomado parte en la colonización de la isla de Madeira, y el cardenal de Lisboa, don Pedro de Noranha, le hacía objeto de gran distinción, habiendo conseguido para él, de forma hereditaria, el gobierno de la isla de Porto Santo, que el marino transmitió a su yerno Pedro Correa da Cunha, casado con Inés Moniz. Otra hija de Perestrello, de nombre Violante, casada con el castellano Miguel Moliarte, residía en un pueblo andaluz llamado Palos de Moguer.

Colón, ¿estaba enamorado de Filipa o entraba en sus intereses, en sus siempre ambiciosas miras, entrar a formar parte de tan encumbrada familia?

A la sazón, la muchacha se hallaba en el convento de Todos los Santos, en calidad de comendadora. Y Colón, que con toda seguridad, fiel a sus principios, se creó un personaje ante los ojos de la doncella, la sugestionó y la enamoró, otorgándole ésta el ansiado y dulce «Sí».

El matrimonio entre la joven y el futuro Almirante tuvo su sanción a finales de 1479. Durante los primeros días del casamiento, el padre de Filipa falleció y su viuda le cedió a Colón todos los escritos y las cartas de marear del abuelo Bartolomé que tenía en casa. Estos documentos le confirmaron, en cierto modo, a Cristóbal Colón *«que podría navegarse la vuelta de Occidente y hallar tierra en aquel viaje»*, y que allende las islas Canarias y Cabo Verde había tierras y *«que era posible navegar a ellas y descubrirlas»*.

Como la joven había heredado ya de su padre, Cristóbal Colón mejoró su nivel de vida, y volvió a experimentar el delirio de los viajes, siempre por mar... por el mar infinito.

Y pensando en este sueño acariciado desde tanto tiempo atrás, decidió que lo mejor era hacer una visita a su cuñado, el caballero Correa da Cunha, que por entonces era gobernador de Porto Santo, isla muy próxima a Madeira, ya bastante dentro del mar tenebroso.

A la pareja acababa de nacerle un hijo, Dieguito, y su madre se mostró reacia a exponer al tierno infante a las inclemencias de un largo y peligroso viaje por mar. Pero Colón insistió y a Porto Santo marcharon los dos, con el niño.

El náufrago, verdad o leyenda...

Según el historiador Ximénez de Sandoval, los hechos relativos a Alonso Sánchez, de cuya autenticidad no parece dudar, al revés que otros historiadores y biógrafos de Colón, sucedieron aproximadamente como sigue:

Porto Santo es en 1479 una isla casi desierta y apenas cultivada. El propio gobernador del rey ha de alojarse en una barraca de madera, poco más grande que las chozas de los pescadores. No hay oro ni bronce ni mármoles ni palosanto. No hay tapices ni tablas pintadas ni alcatifas ni pebeteros...

A pesar de su pobreza, Portugal defiende encarnizadamente aquel territorio y el de la vecina y paradisíaca isla de Madeira, mucho más que como auténticas colonias de explotación agrícola o minera, como bastiones estratégicos.

Cristóbal Colón entretiene las largas horas medievales charlando con su cuñado y con los audaces pilotos y marineros insulares, en las monótonas variaciones sobre el eterno tema del mundo desconocido que se alzará tras el mar tenebroso, en tanto apuran sendos vasos llenos de sabroso vino producido por las viñas de Madeira.

Entre los interlocutores figura un tal Martín Vicente, piloto del monarca lusitano, quien dice un día que «hallándose» en un viaje, a cuatrocientas leguas al Poniente del cabo de San Vicente, había cogido del agua un madero ingeniosamente labrado y no con hierro, de lo cual, y por haber soplado muchos días viento del Oeste, conoció que dicho leño venía de algunas islas que estaban al Poniente. Los ojos de Colón se vuelven más azules y soñadores a partir de aquella confidencia.

Fue así, según Ximénez de Sandoval, como Colón vio reforzada su teoría acerca de tierras lejanas en el mar tenebroso o más allá del mismo.

Pero sigamos con el mismo historiador.

El naufragio

Durante varios días, los hombres de mar de Porto Santo han tenido cierta preocupación supersticiosa, cuajada de pesadillas nocturnas.

Las palabras de Colón acerca de la posibilidad de otras islas por descubrir inquietan a su esposa, Filipa. Y dulcemente, la esposa inquiere:

—¿Estás enfermo?

Cristóbal, dominado, poseído, devorado por la impaciencia, carece ya de inteligencia, memoria y voluntad.

—Mejor sería regresar a Lisboa —continúa Filipa—. Podrías consultar con tu hermano Bartolomé, que tanto sabe de cartas.

—¡Mentira! ¡Mentira! Ni Bartolomé ni nadie, ni siquiera ese famoso charlatán de Paolo Toscanelli sabe nada. Lo sabemos sólo Dios y yo. ¡Pero el claro mensaje del Señor no me llega! Las horas y los días pasan y el fin del mundo se aproxima sin que Cristóbal Colón haya dado su forma definitiva al universo. Pero... calla. ¿Qué es eso?

El mar ruge feroz, como una manada de tigres hambrientos.

El viento cruza de silbidos una bruma grisácea que tapa las estrellas.

—Es el mar... es el viento...

—No es sólo mar y viento. Es algo más. ¡Tal vez sea la voz que espero!

Abre la puerta a la tormenta y sale a la playa, por donde algunos hombres corren ya con linternas.

Mezclados al rugido del mar y al silbido del viento, se escuchan, en efecto, alaridos humanos, desgarradores, trágicos, perdida su tonalidad angustiosa en la forma de la palabra.

— ¿Qué ocurre? —pregunta Cristóbal.

—Un navío lucha con la tempestad.

—No hay modo de socorrerle...

Saliendo de Portugal, Colón se dirigió al convento de La Rábida, cerca de Huelva.

—¡Haced señales con las antorchas!

—¡Encended hogueras para que vea la playa!

—¡Lancémosles cuerdas!

El coro de voces se va aligerando. Parece como si cada golpe de mar disolviera una de ellas.

Algunas mujeres, desgreñadas por el vendaval, musitan entre escalofríos los Oficios de Difuntos.

Una a una las voces se hunden en el silencio.

—No hay nada que hacer...

—¡Dios les conceda su paz!

Tras una hora de angustia, los pescadores emprenden, con paso lento y dolorido, el retorno a sus cabañas, en donde esa noche ya no podrán dormir.

Cristóbal permanece en la playa. Envuelta en un manto, Filipa le insta a entrar en la casa.

—No, no... Este naufragio es la señal que espero... Vete tú a dormir y déjame que yo reciba al mensajero.

—No —arguye la esposa—, aguardaré contigo...

Cristóbal contempla las altas olas y de pronto, en una de ellas, más alta, más potente, más rugiente, llega «algo» que no es un pedazo inerte.

Desnudo casi, amoratado por el frío, coronado por los rubíes de una herida en la frente, las uñas clavadas en un pedazo de cuaderna y un «¡Ay, Jesús!» en el aliento, un hombre queda exánime a los pies del futuro Almirante.

—Mira... —le susurra Colón a su mujer.

Ella no desea ver y se cubre los ojos.

Un relámpago ha iluminado el rostro verde del náufrago, su vientre hinchado, su frente rota.

—Trae el manto.

El miedo y el frío paralizan en Filipa la piedad. Cristóbal, violento, arranca de su cuerpo entumecido el burdo paño. La hija de Perestrello queda en camisa de lienzo.

Cristóbal se arrodilla junto al cuerpo arrojado a la playa. Le palpa el pulso y el corazón. Todavía parece que conserva vida. Quizá sea no más que un reflujo del hirviente jadeo del combate con la muerte. Cristóbal le envuelve como a un niño.

—Corre a casa... No digas nada a nadie... Abre el lecho... Enciende el fuego... —ordena Colón a su esposa.

Gracias a los cuidados de Colón y su esposa, el náufrago volvió a la vida. Y novelescamente, o tal vez verazmente, Ximénez de Sandoval, relata la escena ocurrida entre el náufrago y su salvador.

—Allí... allí... La he visto, la he pisado... He comido sus frutos, más sabrosos que el higo y el melón y el dátil, mezclados en una sola pulpa jugosa y fresca...

—¿Dónde es allí? ¿Qué tierra has pisado? ¿Qué zumo frutal te ha embriagado?

—Allí... Leguas y leguas por el camino del Poniente.

—¿Cuántas leguas? ¿Cien, doscientas?

—El grado 28... ¡El grado 28 del paralelo Norte!

—¿Cuántas leguas por ese camino, ese grado y ese paralelo?

El delirante desconocido se pasa la mano por la frente, bañada en sudor y calla.

Cristóbal se le acerca y le clava su mirada imperiosa, aquilina, cruel.

—¡Dímelo! ¡Tienes que decírmelo! ¡A mí solo! Te he resucitado para que me lo digas! Ya estabas helado y crispado, yo te he traído de nuevo al mundo para que me lo precises todo. ¡Dios lo quiere así! ¡Tienes que recordarlo todo! Tienes que ser exacto! ¿Qué tierras eran ésas? ¿Islas del Cipango? ¿Tierra firme? ¿A cuántas leguas se hallan? ¿Quién las puebla? ¿Viste al Gran Khan? ¡Habla, habla! —frenéticamente, Colón coge las manos del moribundo.

—Isla, isla... ¡Pájaros de increíble plumaje y gargantas...!
¡Isla! —parece recordar entre la niebla de su cerebro el pobre
náufrago.

—¿Acaso... Antilia? ¿Era Antilia? ¡Contesta![1]

El agonizante repite:

—¡Antilia, Antilia, mi Antilia! ¡Sólo mía!

Nueva pausa. Colón sigue interrogándole con avidez:

—¿Habías recibido orden de descubrir Antilia? ¿Tenías
privilegio del rey de Portugal para ese viaje? ¿O de la reina
de Castilla, puesto que eres andaluz?

—¡Antilia! ¡Antilia! —suspira el náufrago.

—¿Es hermosa Antilia?

—Hermosa... muy hermosa...

—¿Hay oro, mucho oro en ella? —inquiere codicioso el
antiguo tejedor.

—Hay flores, serpientes, papagayos...

—¿Y oro? ¡A mí me interesa el oro!

—Hay palmas, bambúes, lianas...

—¿Y oro? ¡A mí sólo me interesa el oro!

—¡Antilia, mi Antilia! ¡Sólo mía!

El náufrago ha perdido el sentido. Colón, sobreponiéndose
a su excitación, le deja solo. Sale a dar un paseo, contem-
plando el mar, aquel mar, que tal vez albergue muchas leguas
más allá la tan bien ponderada Antilia. Luego regresa a casa.
El desconocido ha recobrado el sentido.

—Dime, amigo —le pregunta Colón sosegadamente—.
Navegaste hacia el Poniente muchas leguas ¿no?

---

[1] La isla o islas de Antilia, como las de San Barandrán, son un mito
medieval que situó unas ricas islas en medio del océano Atlántico, en la
ruta de Occidente. *Antilia* quedó después en la toponimia transformada
en las *Antillas*.

—No se encuentra el Escalda... no se encuentra el Escalda...
En el cielo se han perdido Orión y Venus, el Carro y los Gemelos,
y han nacido millares de estrellas ignoradas... ¡Tierra, tierra!

La incongruencia del moribundo exalta más todavía el
ansia de saber de Cristóbal.

—¿Pero ibas buscando Antilia o el Escalda?

—El Escalda... Amberes... las tierras bajas...

—Ah, con que eres un comerciante, no un descubridor...
—exclama jubiloso Colón—. Nadie te había dado patente para
descubrir lo que Dios tiene cubierto para que mi mano rasgue
su misterio. ¡No me has adelantado! Irías a Flandes y a
Brabante a buscar paños de Gante, terciopelos de Courtrai
y encajes de Bruselas... Llevarías aceite, sal y clavo para sazo-
nar la insípida carne de las vacas flamencas... ¿no?

—Aceite, sal y clavo... Dátiles y naranjas... Vino de las
viñas del Condado... —responde débilmente el desconocido.

—Y te empujó hasta Antilia, no la sangre de tu destino sino
una tormenta. ¿Verdad que sí?

—Tormenta... Remolinos de agua... Olas gigantescas...

—¡Gracias de nuevo, Señor Todopoderoso!

Vierte vino en su vaso y lo apura de un trago.

—Esto te aflojará la lengua —dice luego, alargándole un
vaso a los labios resecos del moribundo—. Ahora, háblame de
Antilia como marinero, no como mercader... ¿Está a doscientas leguas? ¿A quinientas, a setecientas? ¡Dímelo exactamente!
¡Necesito saberlo antes de que te calles para siempre!

El desconocido se incorpora bruscamente.

—¡A setecientas cincuenta!

—En el camino del Poniente, al grado 28 del paralelo
Norte ¿verdad que sí?

—Sí, sí... ¡Y la he descubierto sólo yo! ¡Yo, el piloto Alonso
Sánchez, nacido en la villa de Huelva, en el condado de Niebla,
súbdito de la reina Isabel I de Castilla! ¡Antilia por doña
Isabel y don Fernando! ¡Lo que no lograron Pedro de Velasco

y Fernando Téllez, pilotos del rey de Portugal, lo ha podido
un marino de Castilla...!

Pero Colón lo persuade para que le cuente con todas las
señales posibles la ruta a seguir para hallar aquella ignota
y maravillosa Antilia...

Y Alonso Sánchez, extenuado, sintiendo próximo su fin, hace
lo que le pide... y traspasa su secreto a Cristóbal Colón, que
será el descubridor de aquellas tierras nuevas, tierras que ofre-
cerá como un florón más a la corona de Castilla.

Hasta aquí el relato de Ximénez de Sandoval acerca de la
existencia real de Alonso Sánchez, natural de Huelva. Ya diji-
mos que son muchos los que han negado la existencia del tal
marinero náufrago, pero otros como Guillermo García y
García, que preparaba una biografía de Alonso Sánchez cuando
le sorprendió la muerte, Pizarro de Orellana e incluso Lope
de Vega, con toda su intuición poética, creyeron y han creído
firmemente en la salvación del náufrago por Cristóbal Colón
en Porto Santo, y que, por lo tanto, cuando descubrió el nuevo
continente sabía ya perfectamente a dónde iba.

Esta leyenda puede ser hermana de la que atribuye a Colón
haber navegado en alguna nave escandinava y haber llegado
al menos a la isla de Thule, de la que ya se hablaba en los
textos griegos de la Antigüedad.

Y también es posible que una de ambas leyendas no sea
más que una realidad, uno de los muchos misterios que com-
ponen la vida ajetreada y asendereada, cubierta de inmarce-
sible gloria, de Cristóbal Colón.

Los modernos renovadores de la tesis del predescubrimiento han sido el gran erudito del colombinismo, Juan
Manzano y Manzano y Juan Pérez de Tudela y Bueso. El primero recompone la historia como sigue:

«Algún navío de aquellos que con frecuencia hacían la ruta
de Guinea fue impulsado por los vientos alisios del Norte y

encontró en breves días la tierra americana. Después de breve tiempo, los fortuitos descubridores regresaron a Portugal o a una de las islas portuguesas atlánticas, Azores, o con mayor probabilidad Madeira. Durante la travesía la mayor parte de la tripulación enfermó y murió. El piloto y quizás algún marinero más fallecieron tras encontrarse con Colón e informarle de su fabuloso viaje, la cual cosa sucedería hacia 1477-1478, año más o menos.»

El segundo, al igual que Manzano, acepta que Colón fue informado por otra u otras personas, pero se aleja de él sobre la personalidad del informante y aventura la original teoría de que no fue un piloto anónimo, europeo por más señas, sino un grupo de indígenas –más concretamente, nada menos que de amazonas amerindias– que en un desplazamiento forzoso por el escenario caribeño fueron desviados fortuitamente hacia el Oeste en pleno océano, donde en un punto determinado pudieron encontrarse con Colón e informarle. Según Pérez de Tudela, dicho sensacional encuentro se produciría hacia 1482-1483[2].

---

[2] El cardenal Bembo, en su *Historia de Venecia* cuenta que un buque francés encontró en 1508, no lejos de las costas inglesas, un extraño barco de corteza de árbol y juncos, tripulado por siete hombres de pequeña estatura, de «piel rojiza», rostro largo y hablando una lengua incomprensible. Seis de aquellos hombres murieron, pero el séptimo sobrevivió y fue presentado a Luis XII. Por estas fechas se había ya «descubierto América»; pero el viaje de los extraños navegantes se había verificado, al igual que otros análogos venían realizándose, al parecer, de modo esporádico durante la Edad Media e incluso, según una hipótesis, ya en época romana. He aquí, pues, los términos del problema invertidos: ¿existió un inconsciente predescubrimiento de Europa por los amerindios? Si se pudiera probar, sin menoscabar ni un ápice la gloria de Colón, ni la de España como país promotor (al igual que sucede con la prueba fehaciente de la llegada de los vikingos a América del Norte, hacia el año 1000), se reforzaría todavía más la idea del «Encuentro». (Véase R. BALLESTER ESCALAS, *Grandes enigmas de la Historia*, Ed. Mateu, Barcelona, 1964).

Así, pues, la vía adoptada por estos historiadores, que ya venía de antiguo, es la de afirmar, no que Colón hubiera estado ya antes en América, sino que terceras personas la informaron de su existencia y ubicación. Al aceptar de una u otra forma el predescubrimiento, la figura de Colón, además de su proyecto descubridor, ha tomado nuevos rumbos interpretativos. El navegante genial, intuitivo, soñador y tenaz, y lo sorprendente y grandioso de su proyecto, son de esta manera más comprensibles. Conociendo de forma aproximada lo que va a buscar, se monta su propio paradigma adaptando a lo que conoce su existencia a una distancia determinada, así echa mano de lecturas, profecías, citas de filosofos, signos más o menos esotéricos, etcétera.

CAPÍTULO V

CRISTÓBAL COLÓN ABANDONA PORTUGAL

Después del suceso del náufrago Alonso Sánchez (si es que hay que dar crédito a esa historia), o tal vez por otro motivo que jamás se ha logrado esclarecer, Cristóbal Colón y los suyos abandonaron Porto Santo, donde nadie, ni siquiera su cuñado el gobernador, los miraba con simpatía. Perestrello llegó al caso de enviar una carabela a Lisboa con documentación secreta en la que se acusaba a Colón... ¿de qué? ¿Tal vez de haber matado al náufrago para quedarse con algún secreto?

Sea como fuere, lo cierto es que Cristóbal Colón volvió a Lisboa, donde no tardó en fallecer su esposa Filipa, dejándole unas escasas onzas de oro y a un niño de corta edad.

Las relaciones con el rey Juan II

A Juan II le llama la Historia «El rey perfecto», a pesar del error que cometió al desoír las pretensiones de Colón. Su reinado se inició en 1481, pero desde que no era más que simple infante había tenido a su cargo lo que hoy día llamaríamos el Ministerio de Marina de la nación. En realidad, él continuó la labor emprendida por don Enrique el Navegante, y estaba rodeado de hombres duchos y sabios en todos los secretos del mar.

Y precisamente por esto había rechazado el plan de Toscanelli, no hallándolo real en modo alguno.

Por eso, tampoco podía prestar demasiada atención a las palabras de Cristobál Colón, palabras a medias, misteriosas, que pronunciaba casi siempre «en nombre de Dios, Nuestro Señor».

El padre Las Casas, sincero admirador de Colón, dice en sus Memorias:

> *Concebía en su corazón certísima confianza de hallar lo que pretendía como si este orbe tuviera metido en su arca. Pero porque según tengo entendido que cuando determinó buscar un príncipe que le ayudase e hiciese espaldas, ya él tenía la certeza que había de descubrir tierras y gentes, como si en ellas personalmente hubiese estado...*

Juan II, pese a prestarle atención, le pidió datos concretos y no vaguedades. ¿Los tenía acaso, Colón, y no quería revelarlos por temor a que una indiscreción del monarca hiciese que alguno de los avezados hombres de mar que eran entrantes en la corte, se aprovechase de ello y le robase la gloria del descubrimiento?

> *No hay que olvidar* —escribe Madariaga—, *que en atenuación a su vaguedad, no era fácil verter palabras en un plan como el suyo. Era probablemente este plan como una de esas melodías que en silencio logramos cantar perfectamente, pero que no acertamos a cantar con voz sonora. Si se le exigían proposiciones concretas ¿qué podía contestar? Estaba metido en un triángulo: la carta y el mapa de Toscanelli, que oficialmente no conocía y le estaba vedado mencionar en las cortes; las historias oídas sobre maderos labrados hallados y descubiertos por pilotos expertos...*

*y Esdras, a quien probablemente fuera de él nadie
consideraba como una autoridad en estas materias[1].
¿Cómo no había de expresarse con vaguedad? Ha
debido de ser para él un verdadero tormento tener
que permanecer ante el rey mascullando grados y
anchuras de mar en plena confusión, cuando allá dentro de su alma sentía tanta claridad y tanta decisión
y tanto fuego como el sol. Podemos imaginárnoslo y
ver cómo se le enrojece la blanca piel pecosa con el
fuego que lleva dentro, cómo le brotan relámpagos de
los ojos azules y se le quiebra la voz en truenos más
ruidosos que inteligibles.*

Las explicaciones que Colón le dio al rey Juan II fueron
exclusivamente sus deseos de alcanzar la Antilia, la legen-
daria isla de las Siete Ciudades, donde se suponía que se
habían refugiado siete obispos españoles (al triunfar el dominio musulmán), Catay y Cipango.

Pero Juan II no quiso pronunciarse por sí mismo, y menos
aún ante las pretensiones del genovés, que consideró atenta-
torias contra los derechos de la Corona. En efecto, Colón
pedía para llevar a cabo la expedición, el título de Gran
Almirante del Mar Océano, el título honorario y efectivo de
virrey de todas las tierras que descubriese, y un diezmo, o sea
el diez por ciento de todos los fabulosos tesoros que, según él,
hallaría en dichas tierras.

Juan II, pues, sometió aquel proyecto a la Junta de
Matemáticos, y el mismo fue examinado por Diego Ortiz de

---

[1] El libro de Esdras de la Biblia, tiene el siguiente texto, en el que se
apoyaba Colón: «Me ayuda el decir de Esdras en el libro IV, cap. 6°, que
dice que las seis partes del mundo son de tierra enjuta, y la una de agua,
el cual libro aprueba San Ambrosio en su Examenon y San Agustín».
Naturalmente, ni Esdras ni Colón podían estar más equivocados.

Villegas, obispo de Ceuta, muy competente en materias náuticas; y los maestres Rodrigo y Joseph Vizinho, médicos judíos del rey y expertos en geografía y astronomía. El veredicto fue contrario al proyecto colombino.

Ante este desaire, y seguramente temiendo verse envuelto en un proceso a causa de la extraña y repentina muerte del náufrago Alonso Sánchez, Colón decidió salir secretamente de Portugal. Es posible, también, que el motivo de su partida fuese un endeudamiento.

Salvador de Madariaga, a raíz de esta partida, añade lo siguiente, que también expone Ximénez de Sandoval en su biografía:

> *Un día penetró en el aposento donde él sabía que yacía olvidado el mapa de Toscanelli y su carta. Llevaba en la mano un libro suyo:* Historia Rerum Ubique Gestarum (*Las Cosas de la Historia y de las Gestas*), *del papa Pío II. Sacó el documento de su escondite y lo copió sobre una de las páginas en blanco de dicho libro. Cauto, según su costumbre, omitió en la copia los datos esenciales, como el punto de partida de los cálculos que daban la longitud de las travesías; luego tomó bastantes notas para poder copiar el mapa a su placer y, finalmente, salió del aposento con el tesoro que necesitaba como credenciales científicas para su misión en Castilla, sabiendo que, aunque el rey de Portugal lo podría considerar como traidor, la posteridad le perdonaría, y así, con la carta y el mapa en su bolsillo, apretados sobre el corazón, con su hijito Diego, que entonces tenía cinco años, como único compañero, Colón salió huido de Portugal.*

*El prior fray Juan Pérez y el cosmógrafo Antonio de Marchena recibieron
con mucho interés al misterioso navegante.*

47

CAPÍTULO VI

CRISTÓBAL COLÓN, EN ESPAÑA

Al salir de Portugal con su hijo Diego, Colón no tardó mucho en llegar al convento de La Rábida, en Huelva. Religioso de por sí, ¿dónde mejor que entre una comunidad de frailes, los hombres más doctos de la época, que seguramente le escucharían encantados acerca de su maravilloso proyecto?

Colón fue bien acogido por la comunidad frailuna y conoció a fray Juan Pérez, prior del convento y gran teólogo, que por haber sido confesor de la reina era tenido en gran estima en la corte, así como al hermano Antonio de Marchena, cosmógrafo de gran fama.

Todo cuanto aconteció a partir de este momento, se sabe, bien por el testimonio del hijo Diego, o por un testigo indirecto de los hechos, el inefable padre Las Casas, siempre unido a Colón desde que éste inició su andadura hacia el Nuevo Mundo, y a ambos relatos tenemos que atenernos para ser fieles a lo ocurrido.

Los dos religiosos eran versados en los últimos descubrimientos científicos y geográficos, por lo que recibieron favorablemente el plan colombino, particularmente la idea de atraer a la religión de Cristo a los vasallos del Gran Khan.

Colón, a lo largo de mucho tiempo expuso este proyecto, y según Las Casas, en el curso de las conversaciones que precedieron a la firma de las Capitulaciones de Santa Fe, Colón

49

obtuvo de la reina el voto de dedicar todas las riquezas que obtendría del descubrimiento para el rescate de la «Tierra y la Casa Santa de Jerusalén».

Colón y Beatriz Enríquez

Se ignora el tiempo que Colón estuvo en el monasterio de La Rábida, mas sí se sabe que al partir confió a su hijo Diego al prior Juan Pérez. Es posible que éste le diese una carta de recomendación para Isabel I, aunque esto no es seguro. Colón, pues, se dirigió donde residía la corte a la sazón: Sevilla. Ya en ella fue recibido por el duque de Medina Sidonia, que sólo le dio buenos consejos. Más suerte tuvo con el duque de Medinaceli que se interesaba mucho por los viajes de exploración.

Colón vivió varios meses en su casa y tanto se interesó el duque en sus proyectos, según Las Casas, que llegó a tener en sus astilleros el armazón de las futuras carabelas.

Poco después, Colón vio interesado en su plan al cardenal primado de Sevilla. Y aún más adelante, el duque de Medinaceli interesó en el proyecto nada menos que a la reina Isabel.

Aunque en esto no hay nada cierto, al parecer la primera entrevista entre Colón y los Reyes Católicos debió de celebrarse en el mes de enero, en Alcalá de Henares, al menos eso afirman casi todos los biógrafos. Algunos llegan a decir que el futuro Almirante iba acompañado de fray Antonio de Marchena. Lo que sí es cierto es que el proyecto fue sometido a la Cancillería Real de Castilla el 20 de enero de 1486, y que Colón, a partir de tal fecha, se consideró «al servicio de la Corona de España», con sueldo y estipendios. Colón volvió a tratar con reyes en Madrid, y de allí se fue a Córdoba, que era como un cuartel general de la guerra contra Granada.

Salvador de Madariaga, en cambio, opina que los Reyes Católicos no conocieron personalmente a Colón hasta que éste llegó a Córdoba, mas esto no importa en absoluto para el plan general de una biografía de Colón.

Pero fueron tantas las dilaciones de la Junta de Salamanca respecto al estudio del proyecto colombino, que Colón pensó en volver a tratar con Francia o Inglaterra.

Así estaban las cosas cuando en 1487 se trasladó la corte a Córdoba para iniciar los preparativos del último asalto al reino Nazarí de Granada. Se sabe que Colón siguió a la base militar cordobesa por los asientos en los libros de contaduría.

Finalmente, tras un asedio de más de cuatro meses, Málaga se rindió, siendo esto un hito importantísimo en el final de la Reconquista. La caída de Granada era ya inevitable y con ella el triunfo de la Cristiandad. Los Reyes Católicos, por su parte, le habían dicho veladamente a Colón que su asunto no podría airearse con claridad hasta que hubiese caído también el último bastión nazarí: la ciudad de Granada.

Entonces, Colón volvió a Córdoba. ¿Por qué motivo? Sencillamente, para estar al lado de Beatriz Enríquez. Ésta fue la madre del hijo del Almirante, y biógrafo suyo, llamado Fernando. Pero lo relativo a Beatriz constituye, como casi todo en la vida de Colón, un verdadero misterio, mayor aún por el hecho de que su hijo Fernando jamás mencionase a su madre.

De la primera mujer de Colón, Filipa Moniz, se sabe lo suficiente para comprender que fue más un matrimonio de conveniencia que de amor, pero sus relaciones con Beatriz Enríquez fueron, al parecer, más pasionales, pese a no haberse casado con ella. No obstante, jamás la olvidó, ni a ella ni a su familia.

Fernando Colón nació el 15 de agosto de 1488. Beatriz era de Córdoba, tenía parientes y alguien murmuró que su hermano salvó a Colón de una pendencia nocturna. Algunos, en cambio, consideran a Beatriz como ventera, por cuyo motivo, alegan, Colón, tan altanero (¿habría renegado de su padre verdadero por ser criminal o por ser judío?), no se casó con ella. Madariaga sugiere que también Beatriz procedía de una familia de judíos conversos.

Que Colón amaba a Beatriz es algo indudable, y prueba de ello es que cuando emprendió el primer viaje le dejó a la joven el cuidado de Fernando y aun el de Diego. Y a Beatriz le legó, como se ve en su testamento, «diez mil maravedíes de renta» que le concedieron los Reyes Católicos como recompensa por ser el primero en «ver Tierra».

A este respecto, también hay que hablar de la falsedad y la codicia de Colón, arrogándose la certeza de haber sido él quien primero vislumbró la tierra americana, cuando en realidad fue Rodrigo de Triana tal vigía privilegiado, y era a él a quien correspondía este premio prometido por los reyes.

El propio Colón en su *Diario* escribe: «Ésta la vio primero un marinero que se decía Rodrigo de Triana». Como el Almirante había observado una luz cuatro horas antes, se creyó con derecho al premio. Los reyes así lo reconocieron y Colón comenzó a percibirlo sobre las carnicerías de Córdoba, cediéndola después a su «compañera sentimental», tal como diríamos en el lenguaje de hoy día.

Al parecer, el verdadero nombre y apellidos de Rodrigo de Triana fueron los de Juan Rodríguez Bermejo, vecino de Los Molinos (Sevilla). Pronto se formó una leyenda, según la cual, Rodrigo, disgustado, pasó a África y se hizo musulmán. La leyenda, aunque en su segunda parte carece de fundamento, es muy antigua, pues ya la consigna el cronista Gonzalo Fernández de Oviedo (1478-1556). Lo más probable es que Juan Rodríguez Bermejo se enrolara en 1525 en la expedición de García Jofre de Loaisa a las islas Molucas, cuando ya en 1507 había alcanzado la distinción de maestre. A partir de 1525 perdemos su rastro.

A la ilustre dama doña Alicia B. Gould, debe la historiografía española la investigación durante muchos años —casi toda su vida— de los nombres de los tripulantes en el primer viaje colombino, publicada por el *Boletín de la Real Academia de la Historia,* tomos 80, 85, 87, 88, 90 y 92,1924-1928. También de la misma autora son los «Datos nuevos sobre el primer viaje de Colón» (*Boletín de la Real Academia de la Historia*, t. 76, Madrid, 1920). Francisco Morales Padrón denomina también a Juan Rodríguez Bermejo, Juan de Molinos o Juan de Sevilla (*Historia del Descubrimiento y Conquista de América,* Editora Nacional, Madrid, 1981.

CAPÍTULO VII

NUEVAS TRIBULACIONES
Y CONQUISTA DE GRANADA

Si Colón no había conquistado todavía el corazón de Isabel (aunque tal vez sí el cerebro de Fernando), peor fue el desengaño sufrido cuando la Junta de Salamanca desestimó el proyecto del viaje hacia Occidente, por considerarlo «temerario, oscuro y contrario a los designios de Dios», con lo que siempre Dios ha tenido que pagar las culpas de la ignorancia y el fanatismo religioso de los hombres[1].

Por fin, el 26 de abril de 1491, el poderoso ejército cristiano acampó junto a la fuente de los Ojos de Huéscar, en la vega granadina, a dos leguas de la capital.

Y pocos días antes de rendirse Granada, se sabe que Colón llegó a Santa Fe, donde se hallaban los reyes aguardando su momento de gloria. Fue allí donde Colón, casi inadvertido, empezó a negociar con otra Junta las Capitulaciones para llevar a buen término su empresa.

Las Capitulaciones fueron muy lentas, puesto que Colón se mostraba harto exigente respecto a sus recompensas. Las

---

[1] En la actualidad se tiende a justificar la posición de la Junta de Salamanca como más prudente (¿inconscientemente?); lo cierto es que Colón se basaba en cálculos erróneos, dando a la longitud de la circunferencia del Ecuador 30.000 km, en lugar de los 40.000 (redondeando) que tiene en realidad. De un plumazo desaparecía así «rumbo a Asia por Occidente» el océano Pacífico y, naturalmente, el doble continente americano.

Casas da un retrato perfecto del carácter reconcentrado de Colón, exigente consigo mismo y con los demás:

> *Viéndose con tanta repulsa y contradicción, afligido y apretado de tan gran necesidad, que quizás aflojando en las mercedes que pedía, contentándose con menos (y que parece que con cualquier cosa debiera contentarse), los Reyes se movieran a darle lo que era menester para su viaje y en lo demás lo que humanamente pareciera que debiera dársele, se le diera, no quiso blandear en cosa alguna, sino con toda entereza perseverar en lo que una vez había pedido. Y tanto pedía, que sus demandas fueron rechazadas, mandando los Reyes que se le dijese que se fuese en hora buena.*

La historia se mezcla aquí con la leyenda para embrollar todo el caso, aunque sí parece seguro que los muy influyentes Deza, Cabrero y Santángel, los tres judíos conversos, intervinieron cerca de la reina Isabel para que fuesen aceptadas las condiciones de Colón.

El biógrafo Prescott fue quien propaló la leyenda que atribuye a Isabel el propósito de empeñar sus joyas para sufragar los gastos de la expedición. Pero esto en realidad es pura fantasía[2].

Las negociaciones subsiguientes acerca de las Capitulaciones, pese a la insistencia de los tres valedores, fueron prolijas y tediosas. Casi tres meses tardaron fray Juan Pérez, como

---

[2] WILLIAM H. PRESCOTT: *Historia del reinado de los Reyes Católicos,* 3 vols., ed. española. M. Rivadeneyra, Madrid, 1845. Prescott ha sido considerado uno de los más grandes historiadores e hispanistas norteamericanos del siglo XIX, pero en este caso parece carecer de fundamento.

representante de Colón, y Juan de Coloma, como representante de los reyes, en redactarlas y pasarlas a limpio.

Colón pedía un premio exorbitante para su descubrimiento, que consideraba «de capital importancia para todo el mundo cristiano», pero estaba tan seguro de su empresa (¿tal vez por algún viaje realizado ya con antelación, como aseguran muchos de sus biógrafos?), que en el Memorial redactado por él, se empieza así:

> *Las cosas suplicadas e que vuestras Altezas dan y otorgan a Don Cristóbal Colón, en alguna satisfacción de lo que ha descubierto en la Mar Océana, y del viaje que agora, con la ayuda de Dios, ha de hacer por ellas en servicio de Vuestras Altezas...*

De esto se desprende que Colón estaba más que seguro del éxito de su expedición. ¿Hubiera hablado con tanta seguridad un hombre que sólo podía apoyarse en su fantasía y en unas hipótesis que no se basaba en ninguna base sólida? Es más que dudoso.

Las Capitulaciones quedaron concertadas el 17 de abril, y el 30 se redactó el Acta Jurídica por Juan de Coloma.

Madariaga da una versión del documento, según la cual «el descubridor» volvía a ser Cristóbal Colón, a secas, quien «va a descubrir ciertas islas e Tierra Firme que todavía no ha descubierto y que se espera que, con la ayuda de Dios, se descubrirán e ganarán, y los títulos, incluso el Don y demás privilegios, se aplazan implícitamente hasta después de que hayades descubierto e ganado las dichas Islas e Tierras Firmes en la dicha Mar Océana o cualesquier dellas.»

Morales Padrón da una versión muy diferente:

> *De los documentos firmados en Santa Fe no son éstos, precisamente, lo más importante. Días más tarde, ya en Granada y a 30 de abril, doña Isabel y*

don Fernando firmaron una carta —merced en que conferían al extranjero Colón— sobre lo otorgado en las Capitulaciones, la ampliación a vitalicio, hereditario y perpetuo, el título de virrey y gobernador, además del permiso para usar el Don... El mismo día 30 de dio a Colón, que desde ahora se deja de llamar Colomo, como se venía llamando, una carta credencial para los monarcas extranjeros asiáticos; una especie de pasaporte sin fecha y varias órdenes para la organización de la armada.

Sobre la validez jurídica de las Capitulaciones de Santa Fe, escribe Luis Arranz:

«Los estudiosos han discutido mucho sobre si el documento fue una merced o un contrato. Si merced, quiere decir concesión graciosa y, por ende, revocable, siempre que los monarcas lo creyeran oportuno; mientras que si se trataba de un contrato, era un acto bilateral del que emanaban derechos y obligaciones para las partes que intervenían. Esta interpretación es para nosotros la correcta, y solamente así se explica la razón de ser de los Pleitos Colombinos o reclamaciones por vía judicial contra la Corona hechas por los descendientes de Colón cuando entendieron que hubo incumplimiento de lo capitulado en Santa Fe»[3].

El preámbulo del documento se inicia ya con una donación: «Vuestras Altezas dan e otorgan a don Cristóbal Colón en alguna satisfacción de lo que ha descubierto en las Mares Océanas y del viaje que agora, con el ayuda de Dios, ha de fazer por ellas en servicio de Vuestras Altezas».

Curiosa redacción que atribuía a Colón descubrimientos y navegaciones por el Océano anteriores a 1492.

---

[3] Luis Arranz, *Cristóbal Colón*. Col. Protagonistas de América. Historia 16 Quorom, Madrid, 1986.

Los religiosos de La Rábida se entusiasmaron con la idea de atraer a la religión cristiana a nuevos pueblos.

A continuación se especificaban en cinco puntos los honores y privilegios que debía recibir el descubridor, los cuales eran, en síntesis:

1. El título de Almirante de la Mar Océana sobre todas las islas y tierras firmes «que por su mano e industria se descubrieran o ganaran». Según las prerrogativas de los almirantes de Castilla el título sería vitalicio, hereditario y perpetuo.

2. Título de virrey y gobernador general de todo lo que él descubriere o ganare en los dichos mares, con la facultad de poder proponer en terna a los Reyes Católicos personas destinadas al gobierno de tales tierras: regidores, alcaldes, alguaciles etcétera. De los tres, los reyes escogerían uno. Por el momento no se hablaba de que fuera hereditario.

3. La décima parte (diezmo) de las riquezas o mercancías obtenidas dentro de los límites del Almirantazgo.

4. Si a causa de estas mercancías o riquezas traídas de las tierras descubiertas se originara pleito, los reyes autorizaban a Colón o a sus tenientes a resolver los citados pleitos.

5. Se concedía a Colón el derecho a contribuir con la octava parte de los gastos de cualquier armada, recibiendo a cambio la octava parte de las ganancias.

¿Por qué se avinieron a conceder tanto los monarcas?

Al parecer, porque comprobando la fe de Colón, no dudaban de que la empresa sería un éxito y reportaría grandes beneficios, y si, por el contrario, resultaba un fracaso, no tenían nada que perder...

CAPÍTULO VIII

LOS PREPARATIVOS DEL VIAJE

El 12 de mayo de 1492, una vez conquistada Granada y rendida el 2 de enero, salió Colón de la antígua capital nazarí lleno de promesas y esperanzas. Pero faltaba lo más arduo tal vez: buscar la gente, más dinero y los navíos capaces de enfrentarse con el Mar Tenebroso.

Colón se dirigió acto seguido a Palos, con una orden para su alcalde, Diego Rodríguez Prieto, a fin de que pusiera a disposición del Almirante dos carabelas. Esta orden era un castigo a los habitantes de Palos «por algunas cosas fechas o cometidas» por ellos. Por esto, el Consejo les castigaba a servir al rey con dos carabelas armadas a su costa durante dos años, puestas a disposición de Colón «para viajar a ciertas partes de la Mar Océana sobre algunas cosas que cumple a nuestro servicio».

El 23 de mayo, Colón convocó a las autoridades y vecinos de Palos en la iglesia de San Jorge, donde les leyó las cartas de los reyes y requirió su fiel cumplimiento.

El castigo referido se debía a unos daños cometidos contra Diego de Lepe, que si no llevaba el apellidos de los Pinzón, sí era de la familia. Y el documento real que transcribimos a continuación, rezaba así:

> *Don Fernando e Doña Isabel, etcétera. A vos los alcaldes e jueces e otras justicias cualesquier de la villa de Palos, e a cada uno de vos, salud e gracia; sepades que Diego de Lepe, vecino desa villa, nos fizo relación,*

61

diciendo que por algunos vecinos desa villa le han sido
y son fechos algunos agravios e sinrazones, así en le
demandar algunas cosas injustas e non debidamente,
como en no le pagar ciertas coantías de maravedís e
otras cosas que las tales personas dis que le deben
e son obligadas a dar e pagar a que por ser las tales
personas muy emparentadas e favorescidas en esa dicha
villa de Palos, dis quel non ha podido alcanzar cum-
plidamente la justicia, en lo cual dis que si ansi hubiese
de pasar él recibiría mucho agravio e daño. Por ende
que nos suplicaba e pedía por merced cerca dello le
mandásemos proveer de remedio con justicia como la
nuestra merced fuese; e Nos tuvímoslo a bien, porque
vos mandamos que luego que veades lo susodicho, lla-
madas e oídas las partes a quien atañe breve e suma-
riamente, non dando lugar a dilaciones de malicia,
salvo solamente la verdad sabida, hágades o adminis-
tredes a las dichas partes entero cumplimiento de jus-
ticia, por manera que la dellos hayan e alcancen, e por
defecto della no tengan causa ni razón de se nos más
venir ni enviar a quejar sobre ello e non fagades en de
al, so pena de la nuestra merced e de diez mil mara-
vedíes para la nuestra Cámara.

Dada en la ciudad de Granada a nueve días del
mes de noviembre, año del nascimiento de Nuestro
Señor Jesucristo de mil e...

Este documento demuestra cuáles eran las verdaderas relaciones de la villa portuaria de Palos con la corte.

Los Pinzones

Los Pinzones, en conjunto, y entre ellos Diego de Lepe,
poseían mucho influjo sobre la marinería de la villa y sus

aledaños, siendo el cabeza de familia, o al menos quien pasaba por tal, Martín Alonso Pinzón, seguido por Vicente Yáñez.

Es muy posible, por otra parte, que fuesen los Pinzón los que terminaron de sufragar el costo de la expedición. Pero lo que sí es más que seguro es la importancia del entusiasmo que puso en la empresa Martín Alonso, ferviente defensor del proyecto colombino, el cual promovió a toda la villa en ayuda de Cristóbal Colón, el extranjero.

Y fue gracias a la familia Pinzón, incluyendo a Lepe (que murió oscuramente en Portugal unos años más tarde), como a los dos meses justos de leídas aquellas cartas en la iglesia de Palos, la armada estuvo apta para zarpar. Nota curiosa: era tanto, no obstante, el temor de la gente a aventurarse por la Mar Océana, que para completar la tripulación fue preciso perdonar a diversos condenados a muerte por delitos cometidos por varias causas, para enrolarlos a la fuerza entre los tripulantes.

Y así, entre vítores y júbilo sin cuento, las tres carabelas: la *Niña*, la *Pinta* y la *Santa María*, esta última de nave capitana, zarparon del puerto de Palos de Moguer, en dirección a las islas Canarias, para desde allí poner proa a lo desconocido, al peligroso Mar Tenebroso, y tal vez, aunque Colón no lo dudó ni un instante, lo mismo que Martín Alonso, llegar a los reinos fabulosos, llenos de riquezas de todas clases, del Gran Khan.

Aclaremos ahora la impropiedad de denominar a los barcos de la flotilla de Colón carabelas. Sólo eran carabelas dos de ellas, la *Pinta* y la *Niña*; la *Santa María* era en realidad una nao.

La *Niña* fue el barco preferido por el Almirante. En realidad se llamaba *Santa Clara*, pero se conoció siempre por aquel apodo que recordaba a su maestre y propietario, Juan Niño de Moguer. Tendría unas 60 toneladas de desplazamiento, 70 pies de eslora, unos 23 de manga, 9 de profundidad de la

63

bodega y 6 de calado. Poseía una sola cubierta y en Canarias probablemente se le cambió el velamen por otro más adecuado para la travesía.

La *Pinta* pertenecía a Gómez Rascón y Cristóbal Quintero, naturales de Palos. Se trataba de una carabela redonda. Desplazaba de 55 a 60 toneladas, 73 a 75 pies de eslora, 25 de manga y unos 11 de puntal. Fue un barco muy marinero, y a uno de los Pinzón, que lo capitaneó, le gustó siempre adelantarse a la flotilla con ella.

Sin embargo, de las tres el navío mejor estudiado es la *Santa María*, la que se perdiera en el primer viaje, pero a la que más veces se le hicieron reconstrucciones. Su maestre era el famoso Juan de la Cosa, y Colón logró sus servicios gracias a que se hallaba ocasionalmente en río Tinto en viaje comercial. Desplazaba de 120 a 130 toneladas, tenía 22,6 metros de eslora, 7,8 metros de bao, 3,8 de puntal de bodega en crujía, 3,2 de calado a popa y 27,25 de altura del palo mayor de quilla a perilla.

Las tres embarcaciones estaban bien equipadas, bien construidas, bien aparejadas y bien manejadas y eran aptas para lograr el difícil objetivo propuesto, lo que destruye la tesis de que Colón se hizo a la mar en unas embarcaciones inadecuadas. Sólo se puede hacer esta observación si las comparamos con los enormes gigantes del mar de hoy día.

La carabela fue importada de Oriente por los portugueses y los árabes le introdujeron la vela latina. Así, con el timón de codaste, era indicada para las grandes travesías. No usaban los remos como propulsión principal, pero sí se valían de ellos en tiempo de calma o cuando navegaban por parajes difíciles. Ya en el siglo xv, Portugal utilizó la carabela a gran escala para sus viajes a Guinea. La tipología fue pronto adoptada por España y como se hiciera por primera vez en el condado onubense de Niebla, se denominó «carabela andaluza».

64

El casco poseía al exterior escasas aberturas: el denominado escobón, por donde se cobraba el ancla, los ojos de buey de las cámaras, algún ventanuco para el paso del aire o boca de salida para poder acoplarle una pieza de artillería, y la lemera o abertura de popa por donde se introducía la caña del timón. Para reforzar el casco exteriormente se afirmaban sobre el alcázar unos cintones de madera dura en sentido horizontal y sobre éstos, en sentido vertical, se elevaban otros listones gruesos, contrafuertes que le daban un aire característico a la carabela.

Sobre la cubierta principal se colocaban dos embarcaciones auxiliares, el batel que servía para remolcar a remo a la carabela en los escenarios de calma, o la precedía en las expediciones, y la chalupa, cuya utilidad era la pesca, como su hermano menor, el chinchorro.

La *Santa María* se valía de una aguja náutica o brújula, y el astrolabio que indicaba la altura del Sol. También poseía unas tablas astronómicas rudimentarias[1].

---

[1] Para mayor información sobre la ciencia y técnica náuticas de la época, véase Francisco Morales Padrón, *Historia del Descubrimiento y Conquista de América,* Editora Nacional, Madrid, 1981.

CAPÍTULO IX
EL PRIMER VIAJE

Porque, cristianísimos y muy altos y muy excelentes y muy poderosos príncipes, Rey y Reina de las Españas y de las islas de la mar, Nuestros Señores, este presente año de 1492, después de Vuestras Altezas haber dado fin a la guerra de los moros que reinaban en Europa y haber acabado la guerra en la muy grande ciudad de Granada, donde este presente año, a dos días del mes de enero por fuerza de armas vide poner las banderas reales de Vuestras Altezas en la torre de Alfambra, que es la fortaleza de la dicha ciudad, y vide salir al rey moro a las puertas de la ciudad y besar las reales manos de Vuestras Altezas y del Príncipe mi Señor, y luego en aquel presente mes, por la información que yo había dado a Vuestras Altezas de las tierras de Indias y de un príncipe que es llamado Gran Khan, que quiere decir en nuestro romance Rey de Reyes, como muchas veces él y sus antecesores habían enviado a Roma a pedir doctores en nuestra santa fe porque le enseñasen en ella y que nunca el Santo Padre le había proporcionado y que se perdían tantos pueblos creyendo en idolatrías o recibiendo en sí sectas de perdición, Vuestras Altezas, como católicos cristianos y Príncipes amadores de la santa fe cristiana y acrecentadores de ella y enemigos de la secta de Mahoma y de todas las idolatrías y herejías, pensaron enviarme a mí, Cristóbal Colón, a las dichas partidas de Indias para ver los dichos príncipes y los demás pueblos y tierras y la disposición de ellas y de todo y la manera que se

pudiera tener para la conversión de ellas a nuestra fe; y orde-
naron que yo no fuese por tierra al Oriente, por donde se
acostumbra de andar, salvo por el camino de Occidente, por
donde hasta hoy no sabemos por cierta fe que haya pasado
nadie.

Así que, después de haber echado fuera todos los judíos
de todos vuestros reinos y señoríos, en el mismo mes de enero
mandaron Vuestras Altezas a mí que con armada suficiente
me fuese a las dichas partidas de Indias, y para ello me hicie-
ron grandes mercedes y me ennoblecieron que desde en ade-
lante yo me llamase «Don» y fuese Almirante Mayor de la
Mar Océana y virrey y gobernador perpetuo de todas las
islas y tierra firme que yo descubriese y ganase, y de aquí
en adelante se descubriesen y ganasen en la Mar Océana, y
así sucediese mi hijo mayor y así de grado en grado para
siempre jamás. Y partí yo de la ciudad de Granada a doce
días del mes de mayo del mismo año de 1492, en sábado.
Vine a la villa de Palos, que es puerto de mar, adonde armé
yo tres navíos muy aptos para semejante hecho, y partí de
dicho puerto muy abastecido de muy muchos mantenimien-
tos y de mucha gente de la mar, a tres días del mes de agosto
de dicho año, en un viernes, antes de la salida del Sol con
media hora, y llevé el camino de las islas Canarias de
Vuestras Altezas, que son en la dicha Mar Océana, para de
allí tomar la derrota y navegar tanto que yo llegase a las
Indias, y dar la embajada de Vuestras Altezas a aquellos
príncipes y cumplir lo que así me habían mandado; y para
esto pensé de escribir todo este viaje muy puntualmente de
día en día todo lo que hiciese y viese y pasase, como ade-
lante se verá. También, Señores Príncipes, allende a descri-
bir cada noche lo que el día pasare, y el día lo que la noche
navegare, tengo propósito de hacer carta nueva de navegar,
en la cual situaré toda la mar y tierras de la Mar Océana en
sus propios lugares debajo de su viento y más; componer un

libro y poner todo por el semejante por pintura, por latitud
del equinoccial y longitud del Occidente; y sobre todo cum-
ple mucho que yo olvide el sueño y tiente mucho el navegar,
porque así cumple, las cuales serán gran trabajo.

A continuación, y día por día, fue Cristóbal Colón ano-
tando en el diario de a bordo todas las peripecias, aventuras, venturas y desventuras de aquel insólito y glorioso primer viaje a lo que más adelante sería conocido como
América.
Los ocho primeros días de travesía fueron anotados como
sigue:

Viernes, 3 de agosto

Partimos viernes 3 días de agosto de 1492 años de la barra
de Saltes, a las ocho horas. Anduvimos con fuerte vibrazón
hasta poner el Sol hacia el Sur sesenta millas, que son quince
leguas; después al Sudueste y al Sur cuarta del Sudueste, que
era el camino para las Canarias.

Sábado, 4 de agosto

Anduvieron su vía entre día y noche más de cuarenta leguas.

Domingo, 5 de agosto

Anduvieron su vía entre día y noche al Sudueste cuarta
del Sur.

Lunes, 6 de agosto

Saltó o desencajose el gobernario a la carabela Pinta,
donde iba Martín Alonso Pinzón, a lo que se creyó y

sospechó por industria de un Gomes Rascón y Cristóbal Quintero, cuya era la carabela, porque le pesaba ir aquel viaje, y dice el Almirante que antes que partiese habían hallado en ciertos deveses y grisquetas, como dicen, a los dichos. Vídose allí al Almirante en gran turbación por no poder ayudar a la dicha carabela sin su peligro, y dice que alguna pena perdía con saber que Martín Alonso Pinzón era persona esforzada y de buen ingenio.

En fin, anduvieron entre día y noche veintinueve leguas.

Martes, 7 de agosto

Tornose a saltar el gobernalle a la Pinta, y adobáronlo y anduvieron en demanda de la isla de Lanzarote, que es una de las islas de Canarias, y anduvieron entre día y noche veinticinco leguas.

Miércoles, 8 de agosto

Hubo entre los pilotos de las carabelas opiniones diversas de dónde estaban, y el Almirante salió más verdadero y quisiera ir a Gran Canaria para dejar la carabela Pinta, porque iba mal acondicionada del gobernalle y hacía agua, y quisiera tomar allí otra si la hallara. Pero no pudieron tomarla aquel día.

La navegación continuó, una vez que hubieron recalado en las islas Canarias para reparar la carabela Pinta, *cosa que así se hizo, y la flotilla de tres carabelas reemprendió la ruta por el Mar Tenebroso, el jueves, 6 de septiembre.*

Colón engañaba todos los días a la tripulación respecto a las millas recorridas, por temor a que pensasen que era ya mucho el trecho avanzado sin hallar tierra alguna. Y a pesar de esta previsión, los marineros no tardaron mucho en

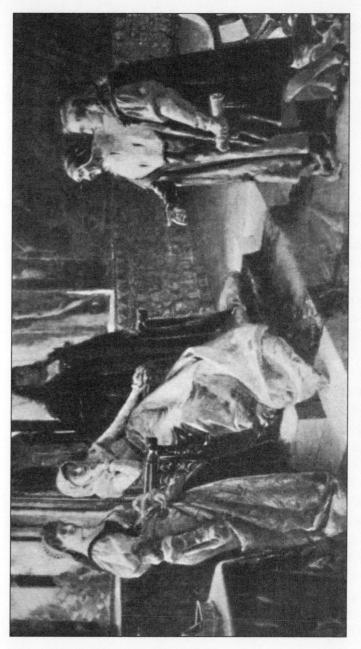

A través del duque de Medinaceli, Colón pudo presentar sus proyectos a los Reyes Católicos.

insolentarse primero, y casi rebelarse después. Finalmente, Colón les formuló la conocida petición de los tres días, a lo que accedieron aunque a regañadientes y murmurando mucho entre sí contra el Almirante y los Pinzones. Hasta que llegó el jueves, 11 de octubre, cuando los ánimos estaban más calmados por haber divisado claras señales de tierra próxima.

He aquí lo que anotó el almirante en su diario de a bordo en dicho día:

Jueves, 11-12 de octubre

Navegó al Sudoeste. Tuvieron mucha mar y más que en todo el viaje habían tenido. Vieron pardelas y un junco verde junto a la nao. Vieron los de la carabela Pinta, *una caña y un palo y tomaron otro palillo labrado a lo que parecía con hierro, y un pedazo de caña y otra hierba que nace en tierra, y una tablilla. Los de la carabela* Niña, *también vieron otras señales de tierra y un palillo cargado de escaramujos.*

Con estas señales respiraron y alegráronse todos.

Anduvieron en este día, hasta puesto el Sol, veintisiete leguas.

Después del Sol puesto, navegó a su primer camino al Oeste; andarían doce millas por hora; y hasta dos horas después de medianoche andarían noventa millas, que son veintidós leguas y media.

Y porque la carabela Pinta *era más velera e iba delante del Almirante, halló tierra e hizo las señas que el Almirante había mandado.*

Esta tierra vido primero un marinero que se decía Rodrigo de Triana; puesto que el Almirante, a las diez de la noche, estando en el castillo de popa, vido lumbre, aunque fuese cosa tan cerrada que no quiso afirmar que fuese tierra; pero llamó a Pedro Gutiérrez, repostero de estrados del rey, y díjole que parecía lumbre, que mirase él y así lo hizo y vídola; díjole también a Rodrigo Sánchez de Segovia, que el rey y la reina enviaban en la armada por veedor, el cual no vido nada porque no estaba en el lugar do la pudiese ver.

Después que el Almirante lo dijo se vido una vez o dos, y era como una candelilla de cera que se alzaba y levantaba, lo cual a pocos parecía ser indicios de tierra.

Pero el Almirante tuvo por cierto estar junto a la tierra. Por lo cual, cuando dijeron la Salve, que la acostumbraban decir y cantar a su manera todos los marineros y se hallan todos, rogó y amonestoles el Almirante que hiciesen buena guardia al castillo de proa, y mirasen bien por la tierra, y que al que le dijese primero que vía tierra le daría luego un jubón de seda, sin las otras mercedes que los reyes habían prometido, que eran diez mil maravedís de juro a quien primero la viese.

A las dos horas después de medianoche pareció la tierra, de la cual estarían a dos leguas. Amañaron todas las velas y quedaron con el treo, que es la vela grande sin bonetas, y pusiéronse a la corda, temporizando hasta el día viernes, que llegaron a una isleta de los Lucayos, que se llamaba en lengua de indios Guanahaní.

Luego vinieron gente desnuda y el Almirante salió a tierra en la barca armada, y Martín Alonso Pinzón y Vicente Yáñez, su hermano, que era capitán de la Niña. Sacó el Almirante la bandera real y los capitanes con dos banderas de la Cruz Verde, que llevaba el Almirante en todos los navíos por seña con una F y una Y; encima de cada letra su corona, una de un cabo de la cruz y otra de otro.

El Almirante llamó a los dos capitanes y a los demás que saltaron a tierra, y a Rodrigo Escovedo, escribano de toda la armada, y a Rodrigo Sánchez de Segovia, y dijo que le diesen por fe y testimonio cómo él por ante todos tomaba, como de hecho tomó, posesión de la dicha isla por el rey y la reina, sus señores, haciendo las protestaciones que se requerían, *como más largo se contienen en los testimonios que allí se hicieron por escrito. Luego se ayuntó allí mucha gente de la isla. Esto que se sigue son palabras formales del Almirante, con su libro de su primera navegación y descubrimiento de estas Indias.*

Yo, porque nos tuviesen mucha amistad, porque conocí que era gente mejor se libraría y convertiría a nuestra fe con amor que no por fuerza, les di a algunos de ellos unos bonetes colorados y unas cuentas de vidrio que se ponían al pescuezo y otras cosas muchas de poco valor, con que hubieron mucho placer y quedaron tanto nosotros que era maravilla. Los cuales después venían a las barcas de los navíos adonde nos estábamos, nadando, y nos traían papagayos e hilo de algodón en ovillos y azagayas y otras cosas muchas, y nos las trocaban por otras cosas que nos les dábamos, como cuentecillas de vidrio y cascabeles. En fin, todo tomaban y daban de aquello que tenían con buena voluntad. Mas me pareció que era gente muy pobre de todo. Ellos andan todos desnudos como su madre los parió, y también las mujeres aunque no vide más de una harto moza. Y todos los que yo vi eran mancebos, que ninguno vide de edad de más de treinta años; muy bien hechos, de muy fermosos cuerpos y muy buenas caras; los cabellos gruesos casi como sedas de cola de caballos y cortos; los cabellos traen por encima de las cejas, salvo unos pocos de tras que traen largos, que jamás cortan. De ellos se pintan de prieto, y ellos son de la color de los canarios, ni negros ni blancos, y dellos se pintan de blanco y dellos se pintan de colorado, y dellos de lo que fallan, y dellos se pintan las caras, y dellos todo el cuerpo, y dellos sólo los ojos, y dellos sólo la nariz. Ellos no traen armas ni las conocen, porque les amostré espadas y las tomaban por el filo y se cortaban con ignorancia. No tienen algún fierro; sus azagayas son unas varas sin fierro, y algunas dellas tienen al cabo un dente de pece y otras de otras cosas. Ellos todos a una mano son de buena estatura de grandeza y buenos gestos, bien hechos. Yo vide algunos que tenían señales de feridas en sus cuerpos, y les hice qué era aquello, y ellos me amostraron cómo allí venían gentes de otras islas que estaban cerca y les querían tomar y se defendían. Y yo creí y creo que aquí vienen de tierra firme a tomarlos por captivos. Ellos deben ser buenos servidores y de buen ingenio, que veo que muy presto dicen todo lo que les decía, y creo que ligeramente se harían cristianos; que me pareció que ninguna secta tenían. Yo, placiendo a Nuestro Señor, llevaré de aquí al tiempo de mi partida seis a Vuestras Altezas, para que deprendan a fablar. Ninguna bestia de ninguna manera vide, salvo papagayos en esta isla.

CAPÍTULO X

LOS RESULTADOS DEL VIAJE

De sobra son conocidos los avatares del primer viaje de Cristóbal Colón, incluyendo la rencilla surgida entre el Almirante y Martín Alonso, el cual se desvió en un momento dado de la expedición para ir en busca de tierra firme, lo que produjo el rencor de Colón, pensando que aquél deseaba arrebatarle la gloria de ser él el primero en pisar los dominios del Gran Khan.

Llegó primeramente a las islas del Caribe, que el Almirante tomó por el fabuloso Cipango, o que al menos éste y Catay estaban muy cerca. La primera isla explorada fue la de Guanahaní, prosiguiendo viaje el 14 de octubre. El 15 arribó a otra isla a la que puso el nombre de Santa María de la Concepción, llamada hoy día Cayo Ron. El 16 bautizó a la actual New Providence como isla Fernandina. La isla de Saometo fue llamada Isabela el 19 de octubre.

Colón, casi sin detenerse, seguía avanzando por entre aquellas islas, espoleado por su deseo de encontrar la tierra firme y el oro u otras riquezas.

El 25 de octubre estuvo en las islas de la Arena, y el 27 descubrió Cuba. Colón pensó primero que aquella isla tan grande, cubierta de una vegetación densa y lujuriante, podía ser Catay, y los indígenas, para confundirle más, le hablaron de un tal rey Cami, poseedor de grandes tesoros, que él pensó podía ser el Gran Khan.

Colón, en efecto, debido principalmente a sus lecturas, siempre creyó estar cerca de los reinos asiáticos hallados ya por Marco Polo por la ruta terrestre de Oriente.

Desengañado de tal creencia, reanudó el viaje bordeando la costa cubana, isla a la que dio el nombre de Juana, la reina loca que sería más tarde de Castilla.

Fue el 22 de noviembre cuando Martín Alonso, en la carabela *Pinta* se separó de las demás para explorar por su cuenta, harto de las dilaciones y divagaciones del Almirante.

Según Morales Padrón:

> *Dijimos que Martín Alonso abandona al resto de la flotilla, pero ¿realmente la abandona? Fijémonos: los tres barcos navegan hacia el Este, en busca de Babeque o la Española, donde los indios han dicho que existe abundante oro. De pronto, el Almirante, que navega el último, decide fondear y sólo Vicente Yáñez que marcha en segundo lugar, con la Niña, ve las señales de Colón y obedece, cambiando el rumbo. Podemos pensar que Martín Alonso, en vanguardia, no ha visto dichas señales y continúa la marcha; llega a Babeque, donde obtiene oro con maña y viendo que los demás barcos no llegan, retrocede a su encuentro...*

Es una hipótesis creíble, pero de todos modos, ello aumentó los motivos de enojo de Colón contra Martín Alonso.

El 6 de diciembre llegó Colón a Haití, de la que Las Casas dice que ya tenía información por los indios. El nuevo descubrimiento impresionó al Almirante por recordarle a Castilla, y por eso bautizó a la isla con el nombre de Española.

Pero si al principio, a causa del buen recibimiento de los naturales del país, los tomó por gente pacífica, pronto quedó desengañado gracias al espíritu combativo de los haitianos.

Sin embargo, al principio, el cacique Guacanagari envió a los expedicionarios ricos presentes y varios hombres al encuentro de Colón. La primera entrevista entre éste y el cacique se celebró el 22 de diciembre.

El fuerte Navidad

Tres días más tarde, el de Navidad, los hombres de Colón bebieron demasiado, y Juan de la Cosa, en vez de estar de guardia se durmió, dejando la embarcación capitana a cargo de un grumete. La nave encalló. Colón anotó en el diario de a bordo que Juan de la Cosa huyó el primero en dirección a la *Niña* para ponerse a salvo. Así se malogró la pesada nao capitana, dando lugar a que con sus restos se erigiese un fuerte, que fue llamado Navidad.

Poco después, Colón zarpó de La Española, llevándose algunos indios consigo, y muchos presentes y grandes riquezas, además de frutos tropicales y gran cantidad de papagayos y monos.

El viaje de regreso a España fue bastante tranquilo, pero el 12 y el 13 de febrero un fuerte temporal azotó las naves, especialmente la *Niña,* donde iba Colón.

El 14 de este mes, Martín Alonso empezó a seguir otra dirección con la *Pinta.* El 18, la *Niña* llegó a Nossa Senhora dos Anjos, en las Azores. Allí les recibieron bien, pero al cabo de unos días detuvieron a parte de la tripulación. Por lo visto, Juan II de Portugal había dado la orden de apresar al Almirante. Colón, cuando iban a prenderle, respondió con orgullo que él era el Almirante de la Mar Océana y virrey de las Indias, añadiendo, según dice Navarrete:

> *Que agora eran las Indias de Sus Altezas... y que dado que no le quisiesen darle su gente, no por eso dejaría de ir a Castilla, pues tenía harta gente para*

navegar hasta Sevilla y serían él y su gente bien cas-
tigados (refiriéndose al capitán de la isla, un tal
Castanheda).

El 24 de febrero, Colón emprendió la ruta hacia España, pero una borrasca le obligó a cambiar de rumbo, y el 4 de marzo llegó a Lisboa. El día 9 fue recibido por el monarca de Portugal, y tratado de acuerdo con su rango.

Según Madariaga:

> *La acogida real fue muy cordial, y cualquiera que haya sido su pensamiento íntimo, don Juan supo dejar en Colón una impresión excelente; el flamante almirante se vio tratado como un Grande de España y autorizado a sentarse en la presencia real. El rey expresó sus dudas sobre el derecho de la Corona de Castilla a las tierras descubiertas, pero diplomáticamente, Colón alegó ignorancia completa sobre este aspecto de la cuestión. Durante dos días estuvo en la corte y el lunes siguiente, después de una visita a la reina, a la sazón en el monasterio de Villafranca, retornó a su carabela.*

El 12 de marzo, el rey de Portugal le invitó a hacer el viaje por tierra, pero el Almirante, receloso, y temiendo una trampa, se embarcó y el 13 puso rumbo al puerto de Palos, adonde llegó el 15 de marzo de 1493.

Martín Alonso, en su *Pinta*, arribó al puerto de Bayona, en Galicia, a finales de febrero y desde allí mismo escribió una misiva a los Reyes Católicos, pero éstos le ordenaron presentarse con Colón, bajo el mando de éste. Martín Alonso, por lo tanto, llegó a Palos después que el Almirante.

CAPÍTULO XI

UNA ACOGIDA MÁS QUE CORDIAL

En el puerto de Palos el recibimiento fue entusiasta. El convento de La Rábida y la mansión de los Pinzón se convirtieron en el centro de toda la atracción de los curiosos. Todos ansiaban hablar y tocar al menos las vestiduras del gran descubridor.

Pero Martín Alonso había contraído la sífilis y falleció apenas un mes después de su llegada.

A continuación, los Reyes Católicos ordenaron a Colón presentarse ante ellos en Barcelona, donde se hallaban en aquellos momentos.

El recibimiento en Barcelona, adonde llegó del 15 al 20 de abril, según unos, y el 30 según otros, fue superior a todo lo imaginable.

Es el padre Las Casas quien lo describió:

> *Los reyes estaban harto solícitos de ver su persona, y sabido que llegaba, mandáronle hacer un solemne recibimiento, para el cual salió toda la gente y toda la ciudad, que no cabían por las calles, admirados todos de ver aquella venerada persona, de la que se decía haber descubierto otro mundo, de ver los indios y los papagayos, muchas piezas y joyas y cosas que llevaba, descubiertas, de oro, y que jamás se había visto ni oído.*

Colón, entró, pues, a la cuadra donde los reyes esta-
ban, acompañados de caballeros y gente nobilísima,
entre todos los cuales, como tenían grande y autori-
zaba su cara venerada llena de canas y de modesta
risa, mostrando bien el gozo gloria con que venía el
insigne Almirante, que parecía un senador romano.

Hecho grande acatamiento, según a tan grandes
príncipes convenía, levantáronse a él, como a uno de
los grandes señores, y después, acercáronse más, hin-
cadas las rodillas, suplícales que le den las manos;
rogándose a se la dar, y besadas con rostros letísi-
mos, mandáronle levantar y, lo que fue suma de honor
y mercedes, de lo que Sus Altezas solían a pocos gran-
des hacer, mandáronle traer una silla rasa y asentar
ante sus reales personas.

Pero los Reyes Católicos, pasada la euforia del primer momento, pensaron rápidamente en la manera de asegurar para su Corona las islas acabadas de descubrir.

La reclamación del rey de Portugal fue prontamente rechazada, invocando el Tratado de Alcaçovas, y Fernando obtuvo una primera bula, la *Inter Cœtera*, con fecha 3 de mayo de 1493, por la que se cedía a los Reyes Católicos las Indias descubiertas o que se descubrieran.

Hubo un pleito con Portugal por la posesión de tierras «descubiertas o por descubrir», pleito que quedó finalmente zanjado a favor de España, al otorgar el papa Alejandro VI la bula *Dudum siquidem*, el 26 de septiembre de 1493, concediendo a la Corona de España todas las islas y tierras no descubiertas y conquistadas por otros príncipes cristianos, lo que en la práctica derogaba los privilegios otorgados a los portugueses sobre las Indias Orientales.

*Al parecer, la reina puso el mayor empeño en acceder a las súplicas
de Colón.*

CAPÍTULO XII

SEGUNDO VIAJE DE COLÓN

Mientras se preparaba la segunda expedición, que era necesaria para asegurar y ampliar los dominios de España en las nuevas islas halladas por Colón, éste fue engrandecido y ratificado en todo cuanto había exigido antes del descubrimiento.

Además, fue nombrado capitán general para el segundo viaje a las Indias. De todos modos, la organización de tal travesía corrió a cargo de Juan Rodríguez de Fonseca, arcediano de Sevilla.

Según Las Casas:

> *Don Juan Rodríguez de Fonseca, aunque eclesiástico y arcediano, y después de este encargo que le dieron los reyes, sobre las Indias, fue obispo de Badajoz y Palencia y, al cabo, de Burgos, en el cual murió, era muy capaz para negocios mundanos, señaladamente para congregar gente de guerra para armadas por el mar, que era más oficio de vizcaíno que de obispo, por lo cual siempre los reyes le encomendaron las armadas que por mar hicieron mientras vivieron.*

Para la segunda travesía se escogieron los puertos de Sevilla y Cádiz, por considerarse pequeño el de Palos.

Fueron numerosos los voluntarios que se aprestaron a enrolarse en dicha armada, a diferencia de lo ocurrido en el primer viaje.

Mas a pesar de la impaciencia de los reyes, hubo algunos contratiempos, e incluso estratagemas, que retrasaron la partida.

Finalmente, el 25 de septiembre de 1493, partió del puerto de Cádiz la gran escuadra bajo el mando del nuevo capitán general Cristóbal Colón, entre vítores y aplausos. Se puso rumbo a las Canarias, y el 13 de octubre se abandonó ya la isla de Hierro para adentrarse por la Mar Océana.

El 3 de noviembre se arribó a la isla Dominica (Caire) y avistaron las pequeñas Antillas, islas que Colón fue descubriendo, tomándolas en nombre de los reyes de España, y bautizándolas con diversos nombres, como María Galante, Guadalupe y Deseada.

Colón navegó con tanta rapidez por entre aquel conjunto apretado de islas, que algunos de sus biógrafos han supuesto que ya las conocía desde antes.

En la isla de Guadalupe hallaron a temibles caníbales, viendo restos de los horribles banquetes humanos.

Dice el padre Las Casas al respecto:

> *Al parecer, aquellos salvajes tenían la costumbre de ceñirse las pantorrillas con cuerdas de algodón, solían castrar a sus prisioneros para que engordasen antes de comérselos, las mujeres hablaban entre sí una jerga que los hombres no entendían, y a las muchachas cautivas embarazadas las trataban con cierta consideración, porque estimaban como un sabroso manjar los niños que de ellas habían de nacer.*

El 10 de noviembre, la armada puso rumbo noroeste hacia La Española. El 19 de noviembre llegaron a la isla de Borinquén o sea Puerto Rico.

CAPÍTULO XIII

COLÓN, EN PUERTO RICO

Ya hemos dicho que el día 10 de noviembre zarpó el crucero de Guadalupe rumbo al noroeste para ir a La Española.

Al mediodía vieron los viajeros, a su izquierda, una isla, y por su altura el Almirante la llamó Santa María de Montserrat, en obsequio al célebre monasterio catalán, de cuyo seno traía doce sacerdotes al Nuevo Mundo; esta isla, según aseveración de los indios traídos a bordo, había sido despoblada por los caribes, comiéndose a su gente. El mismo día, por la tarde, divisaron otra isla, también a la izquierda, que el Almirante llamó Santa María la Redonda. A la mañana siguiente, 11 de noviembre, llegó a Santa María la Antigua, cuyo nombre puso a esta isla en conmemoración a la iglesia más venerada de Valladolid. Siguiendo su derrotero al noroeste, los viajeros distinguieron muchas islas, situadas a la parte norte, y corrientes al noroeste sudeste, todas muy altas, dando fondo frente a una de ellas, que llamó San Martín, porque precisamente corresponde ese día al santo obispo y confesor, que lleva ese nombre.

El 12 de noviembre, la armada levó anclas, sacando pedazos de coral pegados a ellas, lo cual alegró a tripulantes y viajeros, despertando grandes esperanzas; sin embargo, Colón no quiso detenerse, pues se acentuaban sus deseos de llegar a La Española. Soplaron vientos contrarios y el navío, entorpecido en su marcha, tuvo que llegar forzoso a Santa Cruz, de donde partió el jueves 14 de noviembre, a mediodía. Luego inclinó el derrotero al Norte, y entorpecido por un archipiélago de islillas se detuvo frente a Virgen Gorda, donde llegó ya de noche. Al día siguiente, el Almirante dispuso la exploración de dicho archipiélago y luego las dejó al Norte, llamando a la mayor Santa Úrsula y a las otras las Vírgenes. Navegó todo el día y al siguiente, el 16 de noviembre, por la tarde, divisió las tierras de Borinquén. Avanzó por el Sur todo el día 17 y los tripulantes pudieron observar que la isla tenía por aquella banda treinta leguas. Fijó entonces rumbo al Norte y dio anclaje a la nave el día 19 de noviembre.

A pesar de que Cristóbal Colón tenían mucho interés en llegar cuanto antes a La Española, el aspecto frondoso y exuberante de la selvática isla avivó la imaginación del navegante y decidió detenerse para explorarla. La impresión que recibió a primera vista hizo que la llamara San Juan Bautista.

El viernes 22 de noviembre, al alba, la nave puso rumbo al noroeste y antes de anochecer, los viajeros avistaron tierra desconocida; pero por las indias borinqueñas supieron que era La Española. El aspecto de la comarca hacía dudar a Colón y envió a tierra, frente a Samaná, uno de los indios naturales de ella, el cual no regresó. Siguió el crucero costeando, y el 26 de noviembre volvió el Almirante a enviar bateles a tierra, y trajeron indios voluntarios, que tocando los jubones y camisas decían: «camisa, jubón». No quedó ya duda alguna a los viajeros que estaban por fin en La Española.

Fuentes históricas

Es preciso, no obstante, corroborar el hecho de que, efectivamente, Colón llegó a Puerto Rico tal como se ha descrito.

Interrogar los anales de la Historia es seguir, de forma cuidadosa, esa senda misteriosa sobre la cual la imagen de la verdad se va revelando como espiritual aparición. La revelación histórica se ofrece al espíritu investigador como el fruto de largas y serias observaciones y comprobaciones.

El diario o cuaderno de bitácora del Almirante, en su segunda expedición al Nuevo Mundo, se ha perdido; ni tan siquiera se ha conservado un extracto de él, como el que hizo el padre Las Casas del diario del primer viaje.

También se han extraviado las cartas y el memorial del virrey, remitidas por conducto de Antonio Torres a los Reyes Católicos, y entregadas a los monarcas en Medina del Campo. Sin embargo y afortunadamente, se conservan las de los reyes al Almirante acusándole el recibo de las suyas y de su memorial.

Como preciso documento histórico, respecto a esta empresa, existe la carta dirigida al Cabildo de Sevilla por el físico de la armada don Diego Alvarez Chanca, uno de los expedicionarios.

También se conserva en el Museo Naval de Madrid, la *Carta náutica* de Juan de la Cosa: carta de la parte correspondiente a América, levantada por el famoso piloto en el segundo viaje del descubridor, y en la expedición de Alonso de Ojeda en dicho año. Entre las diecisiete naves de la armada, que verificó la segunda empresa del Almirante, volvía a recorrer el Mar Tenebroso la simpática *Niña*, que tuvo la gloria de llevar a España la buena nueva del descubrimiento; y en ella venía Juan de la Cosa, como maestre de hacer cartas náuticas.

Pero tampoco se puede prescindir de los demás cronistas por no haber participado personalmente en la expedición.

Además de la carta del médico sevillano y el mapa del famoso Juan de la Cosa, viene en segundo orden la interesante carta de Pedro Mártir de Anglería al vizconde Ascanio Sforcia, cardenal canciller. Esta epístola fue escrita en latín por el célebre consejero de Indias para enterar al Papa de la marcha de los descubrimientos de Cristóforo Colombo. Para redactar dicho documento, Mártir de Anglería se asesoró minuciosamente de los viajeros retornantes, y especialmente de Antonio de Torres, comandante de las doce naves que volvieron a Cádiz. La corte estaba en Medina del Campo, y allí fue el jefe de la flota de regreso a rendir a los reyes cuenta del viaje, y a entregarles las cartas y memorial del virrey. Y prueba de que Pedro Mártir de Anglería es un fiel intérprete de Antonio de Torres son las siguientes palabras en la carta del canciller:

> *Te contaré, por darte gusto, lo que, preguntándo-les yo por orden, me refirieron él* —Antonio de Torres— *y también los demás hombres fidedignos; pues yo tomé lo que me dieron, y lo que me dieron helo aquí.*

Mayor sinceridad no puede exigirse a un narrador. De manera que el texto de Pedro Mártir de Anglería sobre el segundo viaje del Almirante es casi lo mismo que si hablara Antonio de Torres. Este hombre era un experimentado piloto, que fue nombrado por la Corona para llevar a Cádiz la armada de retorno; e iba a ser éste el primer viaje que se efectuaba a través del Mar Tenebroso sin que lo dirigiese el gran navegante. La empresa de Torres fue feliz, pues regresó al punto de partida. En aquella época se ignoraba la necesidad que hay de hacer rumbo al Norte para encontrar los vientos del Oeste, que facilitan a los navegantes el regreso a Europa. Torres trajo inmediatamente a La Española al adelantado don Bartolomé Colón con tres naos aprovisionadas que los reyes enviaban al virrey; y regresó otra vez a España, conduciendo a don Diego Colón, el hermano de Cristóbal, para desvanecer en la corte los informes del padre Boil y de mosén Pedro de Margarit, contrarios al Almirante; además, portaba las cuatro naves cargadas de indios prisioneros, que se habían capturado en las últimas rebeliones, y llevaba también oro, palo de brasil y productos curiosos.

Corresponde también el turno de preferencia a don Fernando Colón, el hijo natural del Almirante. En la colección de libros raros y curiosos, que tratan de América, está la historia de Cristóbal Colón escrita por su hijo don Fernando. Y dice el prologuista:

> *La figura de don Fernando Colón es de una magnitud colosal en la historia de nuestros descubrimientos. El padre fue un héroe. El hijo, el historiador. La epopeya es del padre. La historia, del hijo. El uno realizó, y el otro escribió la odisea de sus viajes y el poema de sus descubrimientos.*

Colón, al darse a la vela para su segunda empresa, fue acompañado por sus hijos Diego y Fernando a Cádiz. Quedaron los hijos del descubridor como pajes del príncipe Juan, y al regresar el Almirante les encontró en el palacio de dicho príncipe, que a la sazón celebraba sus bodas con doña Margarita, hija del emperador Maximiliano. Colón, a la vez que pudo abrazar allí a sus hijos, contribuyó a dar esplendor a las fiestas con cuantas curiosidades y riquezas había logrado atesorar. Es lógico suponer, pues, que el insigne marino narrara su segunda expedición a su hijo, y que éste, su futuro biógrafo, se empapase de sus aventuras, sobre todo si se tiene en cuenta que Colón, antes de efectuar el tercer viaje, pudo gozar de la compañía de sus hijos durante todo un año. Además, don Fernando acompañó a su padre en el infortunado cuarto viaje; y a la muerte del Almirante tuvo en su poder los papeles del gran navegante, siendo el fundador de la gran biblioteca colombina. En 1509, acompañó a su hermano don Diego a tomar posesión del Virreinato, y de 1512 a 1520 efectuó otro viaje al Nuevo Mundo. Por lo tanto, estaba bastante autorizado para escribir la historia de su padre.

Y, por supuesto, también nos han facilitado provechosa enseñanza, además, fray Bartolomé de las Casas, cuyo padre y tío navegaron con Colón en su segundo viaje, y él mismo lo hizo en compañía de Ovando; don Juan Bautista Muñoz, que en trabajos preparatorios para escribir su obra tardó trece años, coordinando datos y compulsando documentos; Andres Bernáldez, cura de Los Palacios; Antonio de Herrera, el protegido de Felipe II; Francisco López de Gómara; y Fray Iñigo Abbad y Lasierra, con su *Historia de Puerto Rico.*

Juan de la Cosa

Santoña y el Puerto de Santa María se disputan la gloria de ser la patria de este ilustre piloto y capitán. Bartolomé de las Casas le llama vizcaíno, y Leguina considera esta apreciación del obispo de Chiapas como consecuencia de que en aquella época se confundía frecuentemente a los oriundos de provincias vecinas, y se designaba con el nombre de vizcaíno al procedente de la costa cantábrica.

Juan de la Cosa se retiraba a Santoña, provincia de Santander a descansar de sus expediciones marítimas; allí ha existido un barrio llevando su nombre; el apellido La Cosa perdura en la marítima villa, y en sus archivos parroquiales de aquella villa se registra, por el siglo XV, un Juan de la Cosa, figurando a menudo como padrino. Todas estas razones inducen a Leguina, Fernández Duro y Picatoste a considerar como santanderino al compañero del Almirante en sus dos primeras empresas.

Cuando Cristóbal Colón, a bordo de la *Niña*, y bojeando después de su segundo viaje las costas cubanas, cita ante el escribano Fernando Pérez de Luna, el 12 de junio de 1494, a Juan de la Cosa, maestre de hacer cartas, para que dé su opinión si Cuba era isla o tierra firme, el modesto cartógrafo, al manifestar sus generales de Ley, se da por vecino del Puerto de Santa María. Además, el notable e interesante mapa lleva una nota marginal de haber sido trazado por Juan de la Cosa en dicho Puerto de Santa María el año de 1500.

Andaluz o santoñés, puede fijarse su nacimiento a mediados del siglo XV; también puede aseverarse que navegó mucho por la costa cantábrica, donde en tan agitados mares aprendería el difícil arte de navegar; y probablemente llegaría después a avecinarse al Puerto de Santa María.

Juan de la Cosa acompañó a Cristóbal Colón en el primer y segundo viaje a las Indias Occidentales: en el primero como dueño de la carabela *Santa María*; y en el segundo yendo en la *Niña* como maestre de hacer cartas. Acompañó también al Almirante cuando terminada la feliz segunda empresa, y fundada la ciudad Isabela, marchó con el descubridor a explorar las costas de Cuba.

Aunque Colón en su tercer viaje (1498) exploró las costas de Paria y su extenso golfo, columbrando el continente americano, la mayor parte de los pilotos de sus naves, que habían anotado diligentemente la marcha de los vientos, recabaron de los reyes, con la influencia de Fonseca, licencia para hacer descubrimientos a sus expensas, separando el quinto con destino al real erario. Otorgada la demanda, Alonso de Ojeda, protegido del duque de Medinaceli, preparó una expedición, eligiendo como primer piloto de su empresa a Juan de la Cosa, asociándosele también el florentino Américo Vespucio, que habría de tener la gloria de dar su nombre al Nuevo Mundo. Juan de la Cosa levantó mapa del derrotero seguido en las costas americanas y su exploración fue más larga que la del gran navegante.

Pero Juan de la Cosa fue compañero, como ya hemos dicho, del primer y segundo viaje de Colón, y en la exploración de Cuba, y como hábil maestre de hacer cartas levantó su mapa.

El mapa de Juan de la Cosa

Examinemos ahora la importancia de la carta de marear del ilustre cartógrafo y capitán descubridor.

Este mapa desapareció en España durante la invasión francesa y la guerra de la Independencia. En 1832 lo compró a un agiotista prendero el barón de Valckenaer. Al fallecimiento de este noble en 1852, sus testamentarios pusieron en venta sus libros y papeles, y entre ellos la carta marítima de Juan de la Cosa. La puja fue sostenida por varias bibliotecas, y en un arranque de patriotismo y en nombre del gobierno español, el general Zarco del Valle aseguró que daría por él cien francos más que el que ofreciese mayor precio, adquiriendo la preciosa joya en cuatro mil doscientos francos.

Hoy se conserva el mapa mundi de Juan de la Cosa en el Museo Naval, en el gabinete de descubridores y sabios marinos, con las siguientes anotaciones:

> *Carta de la parte correspondiente a la América, que levantó el piloto Juan de la Cosa en el segundo viaje del descubridor genovés, en 1493, y en la expedición de Alonso de Ojeda. Sustraída de España, la poseía el barón de Valckenaer, cuyos testamentarios la vendieron en pública almoneda, y la adquirió el Depósito Hidrográfico. Su director, que fue el señor don Jorge Lasso de la Vega, tuvo la condescendencia de que se depositase en este Museo, para que el público pueda ver un documento tan curioso y de mérito, con relación a la época en que se hizo.*

En el mapa están las tierras descubiertas en el primer viaje. Guanahaní, la primera al oriente, por ser la San Salvador del Almirante. No tiene ninguna banderola con castillos y leones, por la misma razón que no la tiene Cuba, en el puerto de San Salvador, ni La Española en Navidad e Isabela, ni Dominica, ni María Galante, etcétera. Estas banderolas están puestas en distintas tierras sin marcar puntos de desembarco. En Cuba está colocada precisamente en la región inexplorada.

94

Vencidas todas las dificultades, zarpan las tres carabelas de Palos de Moguer el viernes 3 de agosto de 1492.

En el segundo viaje de don Cristóbal Colón venía Juan de la Cosa en la carabela *Niña*, como maestre de hacer cartas. En el interesante mapa están trazadas las islas avistadas por los viajeros: la Deseada, Dominica, Santa María Galante, Santa María de Guadalupe, Santa María de Montserrat, Santa Cruz, Borinquén y La Española. Además, al trazar el entendido cartógrafo la isla de Puerto Rico, delineó con perfección el último ángulo de occidente, que comprende hoy los puertos de Aguada y Aguadilla. Llama la atención sobre manera esa exactitud del dibujo en los que corresponde a la bahía limitada por los cabos San Francisco y Borinquén. La costa norte de Puerto Rico está trazada de imaginación, es muy defectuosa, y ha sido delineada calculando la acción violenta de los mares del septentrión, que siempre hacen grandes cortaduras en las costas nortes. Como el navío recorrió la parte meridional, bien retirado de tierra por temor a las restingas y escollos, el piloto de la *Niña*, al terminar la jornada del día 17 de noviembre, en cuyo día recorrieron treinta leguas por aquella costa, le consagra una línea, pudiendo trazar el día 18 la parte occidental de Boriquen; y sobre todo, con mayor perfección, el último ángulo de occidente, donde permaneció la armada dos días.

Entre Borinquén y La Española no traza Juan de la Cosa ninguna isla, por lo que se puede pensar que los viajeros no vieron la Mona. Fernando Colón tampoco la menciona al referir este viaje del Almirante.

Al partir la armada el 22 de noviembre, por la mañana, con rumbo al noroeste, en busca de La Española, la islilla divisada —posiblemente— fue de tan escasa importancia, y llamó tan poco la atención, que el hábil cartógrafo no juzgó necesario delinearla en su mapa.

Basta una ojeada al mapa para ver palpablemente que el navío se corrió al Norte de La Española; toda la costa septentrional está anotada en el mapa, sobresaliendo los conocidos nombres de Samaná e Isabela.

En la carta náutica de Juan de la Cosa está también el viaje de Colón cuando fue en busca de Cuba. Sabemos por la Historia que Colón, una vez constituida la incipiente colonia en la Isabela, entregó el mando a su hermano don Diego, y en una escuadrilla, formada por la *Niña*, la *San Juan* y la *Cardera* costeó la parte boreal de la española, vía recta a Monte Christi y al lugar que ocupó el fuerte de Navidad; de allí siguió hasta la isla Tortuga; luego volvió a tocar en La Española, pasando a Cuba, cuya tierra avistada llamó Alfa. Los indios llamaban a aquel sitio Baitiquirí, y hoy tiene el nombre, también indio, de Maisí. Navegó veinte leguas el crucero, costeando el sur de la isla de Cuba, y reconoció la gran bahía de Guantánamo, donde los indígenas agasajaron a los viajeros con pescado, iguanas, hutías y cazabe. Diego, un indio de Guanahaní, hizo de intérprete. Prosiguió el Almirante su derrotero, y el 3 de mayo de 1494 modificó el rumbo hacia el Sur descubriendo la isla de Jamaica. Corrió la costa y fue el crucero a un puerto que Colón llamó Puerto Bueno. El 14 de mayo hizo rumbo de nuevo a Cuba, resuelto el marino genovés a navegar quinientas o seiscientas leguas adentro a ver si era tierra firme. Llegó a un cabo que denominó cabo de la Cruz. Siguió navegando hacia Occidente, siempre evitando las islillas y restingas, y después de recorridas trescientas treinta y cinco leguas se detuvo en la isla de Pinos, a la cual Colón llamó San Juan Evangelista. Regresó el Almirante, levantando por fin aquella información en que opinaba, y hacía opinar a la tripulación de las tres carabelas, que la isla de Cuba era tierra firme. En el mapa de Juan de la Cosa se ve terminar al cartógrafo su dibujo sin trazar el resto de la isla de Cuba, y dejando marcadas en aquellos sitios un sin número de islas e islillas, diseminadas en el mar. A la vez coloca, en el lado opuesto a la región explorada de Cuba, una banderola castellana como señal de dominación sobre aquellas tierras.

Volviendo atrás el crucero, tocó de nuevo en cabo de la Cruz, donde se dijo una misa solemne. Por no tener vientos favorables, volvió la escuadrilla a Jamaica, y de aquí a cabo Tiburón de La Española, que llamó el Almirante cabo de San Miguel. No conoció Colón el sitio al que había llegado hasta que los indios le sacaron de dudas, llamándole un cacique por su nombre. Entonces empezó el Almirante a costear, por primera vez, el sur de La Española.

Borinquén o Carib

Interesémonos ahora por el nombre indígena de la isla de San Juan de Puerto Rico[1].

El doctor Diego Álvarez Chanca, en su carta al Cabildo de Sevilla, llama a la isla de Puerto Rico, primero Burenquen; luego Buriquén, y por último, Boriquen.

Letronne, en su *Geografía Universal* publicada en 1844, y Pastrana, en su *Catecismo geográfico*, llaman a la isla Boricua.

El mismo Pastrana, con su genio poético, toma el vocablo de fray Iñigo Abbad, Borinquén, y cambia el acento para crear Borínquen.

El padre Nazario, en cambio, al tratar este punto, se separa de Chanca y se decide por Carib, como nombre primitivo de la isla.

Castro y Echevarría, por su parte, al fijarle a Puerto Rico el nombre de Carib en sus poemas, escritos en 1851, no hacen más que seguir a don Martín Fernández de Navarrete, en sus comentarios de 1825 al *Diario* de Colón.

---

[1] San Juan Bautista a secas la denominó Colón. En la actualidad, bajo la advocación del «Precursor» ha quedado sólo la capital de la isla con el apelativo de «Puerto Rico», que es como se llama la misma desde 1521.

Efectivamente, al estudiar Navarrete el *Diario* del Almirante, y llegar a la anotación del martes 15 de enero, donde dice Carib, pone el académico don Martín una nota e indica: Puerto Rico; y la misma manipulación efectúa al encontrar la misma voz Carib en la signación del miércoles 16 de enero. E indujo a error a Navarrete y al padre Nazario la siguiente relación en el mismo *Diario*. Al amanecer de ese día 16 partió la armada del golfo de las Flechas (bahía de Samaná), «llevando la proa al Leste cuarta del Nordeste para ir diz que a la isla de Carib». Con esta ruta, Colón se acercaba indudablemente a Puerto Rico, quedándole la isla al sureste, a más de ciento veinte millas; y quizá, rectificando algo el rumbo, hubiera dado el Almirante con Borinquén, en su primer viaje, si la gente no deseara el retorno a España por el mal estado de las carabelas. Pero hay que tener en cuenta, que si tal derrotero hubiera podido llevar a Colón a la isla de Puerto Rico, también con igual rumbo, más o menos rectificado, hubiera ido a las islas de Barlovento, donde señoreaban los caribes, y a quienes se referían los indígenas que estaban a bordo al hablar de Carib; puesto que no correspondía a los naturales de Borinquén y sí a los de las islas de Barlovento la descripción que los indios quisqueyanos y yucayos de a bordo le daban al Almirante de los habitantes de Carib.

¿Qué significa Borinquén?

No existe nada en la naturaleza que tenga más vida que las palabras, y para llegar a poseer tal vitalidad ha debido el lenguaje estar en un estado de fluctuación o indecisión hasta llegar a constituir un verdadero organismo.

Hoy podemos admirar la diversidad que hay, en el modo de expresarse por medio de las palabras, entre unos y otros pueblos.

Los sabios están de acuerdo en admitir que la construcción del lenguaje ha principiado por la génesis de las raíces. Dice Max Müller: «Si el sánscrito, el hebreo o el griego no hubiesen atravesado la aglutinación o capa aglutinativa, si no hubieran atravesado un período como el chino, aislado o monosilábico, su forma actual sería un milagro.» El monosilabismo, pues, ha sido el primer medio que los hombres han tenido para comunicarse; de aquí han pasado por una evolución secular de grados diferentes a la aglutinación; y por fin, han alcanzado algunos pueblos por medio de la compenetración y las tendencias flexivas, la forma más perfecta del lenguaje.

Es, por tanto, algo reconocido en el progreso de la lingüística que la raíz ha tenido que existir por sí misma antes de llegar a la aglutinación y a la flexión.

En la carta de Cristóbal Colón escrita en el mar cuando regresaba del primer viaje, y enviada desde Lisboa, en marzo de 1493, a Barcelona, donde se encontraban los Reyes Católicos, se lee:

> En todas estas islas non vide mucha diversidad en la fechura de la gente, nin en las costumbres, nin en la lengua, salvo que todos se entienden que es cosa muy singular.

Y dice el Almirante en su *Diario* de navegación:

> Lunes 12 de noviembre:

> ... y también estas mujeres mucho enseñarían a los nuestros su lengua, la cual es toda una en todas estas islas de India y todos se entienden y todas las andan en sus almadías.

Ciñámonos, sin embargo, a la palabra Borinquén. En este vocablo existen tres raíces aglutinadas: bo-rin-quén.

La inicial *bo* equivale a «*grande*», «*señor*». Ejemplos: *Caonabó:* «señor del oro». La sílaba intermedia *rin*, entraña el concepto de «valor guerrero», además de fuerte. Y la encontramos en el vocablo *caribe*, nombre aplicado a los belicosos indios de Barlovento. La final *quén*, implica idea íntima de relación con la Tierra.

Así que *Borinquén* puede traducirse por «Tierras del valiente señor», calificativo justificado, pues, aunque los borinqueños no constituían un pueblo belicoso, más bien al contrario, ni tenían necesidad para subsistir de hacer la guerra a sus convecinos, es fama que se mostraron siempre muy valerosos en la defensa de su país contra las invasiones y depredaciones de los isleños de Barlovento, sus encarnizados enemigos.

Los caribes, pobladores de las Antillas (nombre mítico del predescubrimiento puesto al conjunto global del archipiélago caribeño) habían ido desplazando a los arawak o arahuacos, anteriores habitantes de la zona. A semejanza de lo que sucede con las demás familias de pueblos amerindios, no existen unos rasgos étnicos o antropológicos específicos de los caribes, sino únicamente ciertas características comunes, como la cara redondeada, la tendencia a la obesidad, la escasa resistencia física y el envejecimiento prematuro. Con estas perspectivas y no siendo su población tampoco muy numerosa, no es extraño que prácticamente desaparecieran del mundo antillano, porque sufrieron lo que podríamos llamar (y sin necesidad de que fuera esencialmente militar) la «primera acometida europea». En la actualidad, su núcleo más compacto se encuentra en Venezuela y las Guayanas, lugares que, al parecer, fueron sus primeros focos de dispersión (cuestión no confirmada).

A la llegada de Colón presentaban un vestido muy somero, o bien los más jóvenes no llevaban ninguno, aunque llamó la atención en el segundo viaje que tuvieran las pantorrillas ceñidas con cuerdas de algodón. Se perforaban la nariz y las orejas e insertaban adornos en los agujeros, en especial plumas; se pintaban el cuerpo, pero el tatuaje se limitaba a pequeñas marcas en los brazos y junto a la boca. Eran aficionados a la música, danzas y ritos mágicos; hábiles cesteros y buenos navegantes, sus viajes los realizaban en sus «canoas» y «piraguas» (voces caribes).

Habitaban en grandes casas de planta circular («bohíos») con techos de hojas, poste central y paredes recubiertas de barro que resistían las tormentas de aquel «mediterráneo» embravecido; también conocían la vivienda palafítica, sobre, o cercana al agua, terrenos encharcados o pantanosos. Sus armas eran la cerbatana, flechas, mazas, hachas de piedra pulida, envenenaban con curare las flechas de caza y de guerra. La unión social era el clan exogámico y practicaban la incineración de los cadáveres. A la llegada de Colón, practicaban el canibalismo, soliendo castrar a los arahuacos, reducidos a la esclavitud, para que engordasen. Gustaban de cautivar mujeres arahuacas, las cuales siguieron hablando entre sí su propio idioma, mientras que con sus nuevos dueños aprendieron pronto el caribe. Las más apreciadas eran las que daban a luz muchos hijos, los cuales para los caribes constituían un manjar exquisito...

Ante esta perspectiva, era lógico que en ese primer «encuentro» entre dos mundos, a la corta o a la larga el más débil prácticamente desapareciera ante el más fuerte, aunque de momento fuera una minoría, y por ello no tenemos por qué rasgarnos las vestiduras, porque dadas las circunstancias, mentalidad, etcétera, la cosa fue así y no podía ser de otra manera. Si gustan más los conceptos de «encuentro» o «conocimiento», utilicémoslos y miremos el futuro con afán constructivo. El pasado fue así, con muchos, muchísimos defectos, pero también virtudes, incluso, si nos apuran, a pesar de que toda comparación es odiosa, lo que vino después de Colón, la epopeya hispánica en América, es superado con creces por actuaciones de otros pueblos, tenidos por «más civilizados».

Reconozcamos nuestros defectos y procuremos no caer más en ellos, intentando actuar más generosamente con los descendientes de aquellos pueblos que frecuentemente, con su inconsciente recibimiento, no sabían que provocaban su propia ruina. Pero, «demos al César lo que es del César...» y no nos vayamos al extremo contrario. ¿Dejar a aquellos pueblos que hubieran seguido su propia existencia? ¿A dónde hubiera ido a parar entonces el progreso de toda la humanidad...?

CAPÍTULO XIV

COLÓN, EN LA ESPAÑOLA

Después de Puerto Rico, pues, arribó Colón a La Española y comprobó los peores temores ya expresados por Martín Alonso Pinzón: el fuerte Navidad estaba arrasado y sólo hallaron algunos restos de los miembros de su guarnición de 40 hombres. Naturalmente, Colón decidió reconstruir su poderío, que era el de España, en aquella isla bautizada como La Española.

Pero Colón no era político ni hombre de Estado. Receloso y harto desconfiado, sólo se fiaba de los hombres de su camarilla, que no eran muy buenos, con excepción de Antonio de Torres.

Fue Bernal de Pisa quien primero se rebeló contra la tiranía impuesta por Colón. Bernal de Pisa era contador real, y deseaba apoderarse de los cinco navíos que quedaban en la isla tras haber partido Antonio de Torres para regresar a España, con muchos tesoros, aunque fuese escaso el oro, y no muy buenas las especias.

Bernal deseaba volver a España y contar todo lo relativo a lo que, según él, había hecho Colón en su administración de la colonia.

Pero Bernal cometió la equivocación de escribir una pesquisa sobre Colón y esconderla en una boya de madera. Los espías del Almirante la encontraron y Pisa fue encarcelado y algunos de sus cómplices severamente castigados, siendo ahorcado uno al menos.

Luego, Colón organizó una expedición a Cibao a fin de apoderarse de la región aurífera que había descubierto Alonso de Ojeda. Al partir, el 12 de marzo de 1494, con 500 hombres, Colón delegó el mando en su hermano Diego, joven muy inexperto en todas las cuestiones de gobierno. Esto molestó a otros personajes más capacitados que Diego, y de más rango. Lo cierto es que Colón, como se diría hoy día, siempre trató de «enchufar» a sus parientes en cargos de gran poder y autoridad.

Cuando Colón llegó a Cibao vio que aquello no era nada semejante al Cipango descrito por Marco Polo, aunque, como en sus ríos abundaba el oro, mandó edificar el fuerte de Santo Tomás, cerca del río Xanique, creando la base para una explotación aurífera de la región.

La codicia de algunos provocó nuevos conflictos, y en vista de ello el Almirante adoptó las medidas que en su *Diario* describió Michele de Cúneo:

> *Quienes fueron encontrados en falta fueron duramente azotados; a uno le cortaron las orejas y a otro la nariz, que era una pena verlo.*

El 29 de marzo, Colón volvió a la Isabela, donde se vio envuelto en nuevos conflictos. Allí reinaba el hambre y la miseria, pues casi todos los víveres traídos de España se habían podrido en aquel clima tan húmedo.

Entonces, Colón ordenó construir molinos, por tener abundancia de trigo, y según Bartolomé de las Casas:

> *Ordenó que también ayudasen los hidalgos y gente de Palacio o de capa prieta, que también hambre y miseria padecían, y a los unos y a los otros se les hacía a par de muerte ir a trabajar con sus manos, en especial no comiendo.*

Con la bandera real en sus manos, Colón toma posesión de las tierras descubiertas por el Rey y por la Reina.

Esto, según Las Casas, también causó tanto alboroto, que *Colón tuvo que añadir al mando la violencia.*

Oviedo asegura que:

> *El Almirante ahorcó a algunos, y en especial a un tal Gaspar Ferriz, e a otros açotó; e començó a se mostrar severo é con más rigurosidad de la que solía. El Almirante era culpado de crudo en la opinión de aquel religioso, el cual, como tenía las veçes, ybale la mano; él así como Colón haçía alguna cosa que el frayle no le pareciese justa, en las cosas de la justicia criminal, luego ponía entredicho y haçía cessar el ofiçio divino. Y en esta hora el Almirante manda cessar la raçión y que no se le diese de comer al fray Boyl ni a los de su casa...*

Fue entonces cuando se tuvo noticia de que el cacique Caonabó se aproximaba con indios armados al fuerte de Santo Tomás.

Colón envió al momento a Alonso de Ojeda con 400 hombres, entre los cuales se hallaban algunos de los más descontentos, en ayuda de Pedro Margarit, comandante del fuerte.

Alonso de Ojeda entró a sangre y fuego en los poblados indios, apoderándose de mujeres, víveres y enseres. Así quedó abierta la guerra entre españoles e indios, los cuales pagaron muy caro haber plantado cara a los recién llegados.

Alonso de Ojeda al fin dio buena cuenta de Caonabó, el jefe indio, y de sus seguidores.

La vuelta a España

La captura de Caonabó produjo un levantamiento general en la isla. El 24 de marzo, Colón reunió a todos sus hombres de a pie y de a caballo, y en la Vega Real hizo frente a los indios sublevados, que Las Casas cifra en cien mil, número a todas luces exagerado.

Los hombres de Colón derrotaron completamente a aquellos pobres indios, obligándoles a pagar fuertes tributos a partir de aquel momento.

En noviembre de 1495, llegó a La Española el sevillano Juan de Aguado con una flotilla. Era un repostero de los monarcas que ya había estado en la isla con Antonio de Torres y traía la misión de averiguar la verdadera situación de la isla e informarse de cuanto se rumoreaba en España contra el Almirante.

Pero aquellos días reinó un fortísimo huracán, y la flotilla se perdió (eran cuatro barcos), y la Isabela quedó desmantelada.

Acto seguido, Colón mandó construir dos carabelas (las primeras construidas en el Nuevo Mundo) y también ordenó edificar varios fuertes.

Luego nombró a Bartolomé, su hermano, capitán general y gobernador; a Diego, ayudante de Bartolomé; y a su criado Francisco Roldán, alcalde mayor de la Isabela y de toda la isla.

Juan de Aguado, que se había salvado del naufragio de sus naves, tomó buena nota del descontento que tales nombramientos provocaron entre los demás, especialmente el del criado Roldán.

Las dos carabelas, ya aparejadas, zarparon para España el 10 de marzo de 1496. En total se embarcaron 225 hombres, con treinta indios, entre los que estaba el valiente Caonabó, el oro y los productos de la tierra.

La travesía fue pésima, muriendo en la misma algunos españoles y bastantes indios, Caonabó entre ellos.

Finalmente, las carabelas llegaron al puerto de Cádiz el 11 de junio de 1496. Colón había enfermado ya de artritis o gota, según su cronista Las Casas.

CAPÍTULO XV

EL TERCER VIAJE

A su arribo a Cádiz, el Almirante expidió correos con instrucciones a las Indias y prosiguió viaje por tierra a Sevilla, donde se enteró de que la corte estaba en Burgos para preparar el doble matrimonio del príncipe de Asturias y la infanta doña Juana con los archiduques Margarita y Felipe, hijos del emperador Maximiliano.

Esta nueva complugo a Colón, pues desde Andalucía hasta la vieja ciudad castellana, se le ofrecía de nuevo un vasto público rural y sensible, al que conmover con su presencia teatral: demacrado, envejecido y llevando un sayal de penitente.

El contraste de su humildad doliente con el esplendor del séquito que le acompañaba demostraría a los ascéticos españoles la austeridad del Almirante, destruyendo todas las leyendas negras de sus enemigos, que ya eran muchos.

Ocurrió lo que pensaba. El pueblo español adoraba la sobriedad de sus monarcas y de su arzobispo Ximénez de Cisneros, y la presencia raída y miserable del individuo que manipulaba los inmensos tesoros del Nuevo Mundo provocó una emoción lastimera, y achacó a la malevolencia de los envidiosos todos los ataques efectuados contra tan noble personaje.

Los reyes, por su parte, le recibieron de distinta manera a como pensaba, y si la acogida no fue tan augusta como en Barcelona, sí fue sumamente cordial. Los reyes escucharon absortos el relato de sus aventuras y desventuras y se emocionaron con el tono altamente patético de sus palabras. Y se mostraron bien dispuestos a ayudarle a vencer los inconvenientes y las complicaciones acumuladas en las nuevas tierras de la Corona de España.

En tales condiciones, el Almirante obtuvo el permiso, casi la orden, de realizar un tercer viaje, adoptando una serie de medidas administrativas que garantizasen ampliamente sus privilegios y su reforzada autoridad.

La organización del tercer viaje, entre demoras y contratiempos, iba siendo aplazada a causa de los cuantiosos dispendios que suponía, y más tarde por el luto regio que causó la muerte del príncipe de Asturias. Sin embargo, todas las contrariedades fueron vencidas por la tenacidad de Colón, y el 30 de mayo de 1498, después de hacer testamento, pudo zarpar de Sanlúcar de Barrameda con seis naves requisadas por el Estado, pues los armadores de Andalucía se habían negado a fletar sus carabelas.

La travesía

Sigamos con el cronista de Colón, el padre Bartolomé de Las Casas:

> *El 30 de mayo de 1498 partió del puerto de Sevilla la tercera expedición colombina con abundantes pertrechos y 330 hombres.*
>
> *En este viaje, la primera escala de Colón fue Porto Santo, de las islas Madeira. Luego se dirigió a las Canarias, y en la isla de Gomera aprovisionó finalmente a las naves, dividiendo la flota en dos cuerpos: tres barcos irían a la Española para llevar víveres a la colonia, y los otros tres, al mando del Almirante, pondrían rumbo a las islas de Cabo Verde, donde al final arribaron el 27 de junio, para empezar un nuevo viaje de descubrimientos.*

Los vientos, no obstante, no fueron favorables y sufrieron un calor tan enorme que reventaron los toneles del vino y del agua y se corrompieron los alimentos.

Deseando el Almirante descubrir la tierra firme, llegó el 31 de julio a la isla Trinidad.

Lo que ignoraba Las Casas era que esta isla estaba próxima a la costa de Venezuela. La exploración de dicha isla y las costas cercanas le condujo al descubrimiento de las bocas del Orinoco. El 15 de agosto escribió en su diario:

Yo creo que éste es un gran continente hasta ahora desconocido, pues se mueven grandes masas de agua dulce en sus cercanías.

Pese a esto, jamás llegó a saber cuán grande había sido su descubrimiento.

La exploración de la península de Paria le indujo a pensar que había hallado el Paraíso Terrenal y que el Orinoco descendía de éste. Es decir, Colón seguía aferrado a su idea de Asia. Su creencia, según Las Casas, se basaba en los textos de Pierre d'Ailly, el Génesis, Ptolomeo y Séneca.

A este respecto, dice Morales Padrón:

Ni siquiera se daba cuenta de haber entrado en contacto con nuevas culturas; los indios estaban dotados de una mejor civilización que los antillanos, expresada en grandes canoas con cabina, en tejidos de algodón, en metalurgia, el guanin, mezcla de oro y cobre, en el uso de las flechas envenenadas y en beber chicha.

Pero Las Casas dijo que al abandonar aquella costa para ir a La Española, *el Almirante vino ya en conocimiento de que tierra tan grande no era isla, sino tierra firme.*

113

La Española y sus problemas

Cuando llegó Colón a La Española encontró a su fiel criado Francisco Roldán en abierta rebeldía contra los hermanos Colón. En efecto, el hombre en quien más había confiado el Almirante para detentar su autoridad después de sus hermanos, estaba al frente de una rebelión contra Bartolomé y Diego, los verdaderos jerarcas de la isla.

Durante la ausencia de Cristóbal, Bartolomé, primer adelantado de las Indias, había trasladado la capital de la colonia a Santo Domingo, que él había fundado teniendo en cuenta que se hallaba en la zona aurífera designada por Colón.

A finales de agosto de 1499, llegó la flotilla del Almirante a La Española, a unas 100 leguas al oeste de Santo Domingo. En esta nueva capital, la población estaba agotada, abundando los atacados por la sífilis.

Lo más grave, no obstante, era la guerra abierta entre Roldán y los Colón. A Roldán le seguían casi todos los habitantes de la isla. Esta rebelión, calificada de «democrática» por algunos historiadores, estaba polarizada entre los hidalgos y los caballeros, fieles a Colón, y los hombres de filas que estaban al lado de Roldán.

Éste, al que Pedro Mártir califica de «fascineroso», se concertó con el cacique Guarionex, se adueñó de las tres carabelas enviadas por Colón desde Canarias, y conquistó a gran parte de la tripulación de las mismas, con la promesa de oro, mujeres y esclavos. Luego declaró la guerra a Bartolomé, el adelantado de Indias.

Como Colón no contaba con suficientes hombres para hacer frente a la rebelión, procuró zanjar las desavenencias con los sublevados. Y para esto se vio obligado a pactar con Roldán de forma harto humillante. Accedió, pues, a reponerle en su cargo de alcalde mayor de Santo Domingo y la isla, y concederle a él y a sus seguidores que se quedasen en

114

ella, tierras gratuitas y pasaje también gratuito a quienes deseasen regresar a España.

De esta manera, Colón instauró en el Nuevo Mundo el derecho feudal, que en España empezaban a quebrantar ya los Reyes Católicos, estableciendo el reparto de tierras y de indios en América.

Fue cuando llegó Alonso de Ojeda con cuatro carabelas procedentes de España, cuando se complicó la situación. Ojeda atracó en el puerto de Yáquimo, deseando establecer un dominio propio, esclavizar a los indios y conseguir ingentes cantidades de oro.

Para esto intentó atraerse a los seguidores de Roldán que no habían pactado con Colón. Pero ahora Roldán y los tres Colón lucharon juntos y Ojeda se vio obligado a salir de la isla en marzo de 1500. Pero se llevó un cargamento de esclavos que vendió en el puerto de Cádiz.

Otra rebelión

Ladrón de Guevara y Adrián de Múgica protagonizaron una nueva rebelión. Todas estas rebeliones tenían como único fin lograr autoridad y poder, y disponer de esclavos y del oro de la isla.

Pero esta vez Colón y su hermano el adelantado lograron destruir la revuelta desde sus comienzos, y ahorcaron a varios de los rebeldes, encarcelando a otros muchos y desterrando a los demás.

Mientras tanto, Alonso de Ojeda, Juan de la Cosa y Américo Vespucio habían iniciado por su cuenta la búsqueda de perlas en las costas venezolanas, descubriendo así las islas de Curaçao, Bonaire y Aruba. Por su parte, Vicente Yáñez Pinzón estaba explorando la costa de América del Sur, descubriendo la desembocadura del río Amazonas en 1500.

Ante esta situación, que menguaba su autoridad, Colón envió una carta a los reyes desde La Española, justificándose de sus fallos y equivocaciones, que le atribuían los que regresaban a España con nuevas noticias sobre descubrimientos y hallazgos de riquezas. Colón solicitaba de los reyes un letrado que administrara justicia, comprometiéndose él a pagarle el sueldo.

También solicitaba que *los reyes le hiciesen la merced de mandar a su hijo Diego para ayudarle a que él descansase algo y sus Altezas fuesen mejor servidos.*

Además, por si acaso se hablaba mal de él en la corte, agregaba:

Yo no sé si yerro, mas mi parecer es que los Príncipes deben hacer mucho a favor de sus gobernantes en cuanto los tienen a su cargo, porque con disfavor todo se pierde.

En realidad, chocaban dos concepciones diferentes sobre la forma de colonizar. Con su mentalidad de navegante-mercader, el Almirante proyectaba el negocio indiano bajo las bases de un monopolio estatal-colombino, donde sólo contaran las dos partes que habían capitulado en Santa Fe: los reyes y él. El resto de participantes en la empresa lo haría en calidad de simple asalariado de la factoría, debiendo encontrarse siempre a disposición de lo que Colón ordenara.

Preocupación fundamental fue para el Almirante la rentabilidad de la empresa; con este objetivo, planeó una serie de fuertes-almacén, construidos y sostenidos a expensas de la Corona y estratégicamente repartidos por La Española, puntos de control de toda la actividad económica. Por su parte, los indígenas, mediante trueque, darían todo el oro que pudieran a cambio de simples baratijas hispanas. Pero como tal situación pronto no funcionó, entonces se acudió a la venta de los indios más belicosos como esclavos, acusados de practicar el canibalismo, mientras que los más pacíficos serían sometidos a tributo en especies (oro, algodón) que

Colón, según sus palabras, pensó que aquella gente «mejor se convertiría con amor que no por la fuerza».

autofinanciaría la empresa y engrosaría además las arcas colombino-estatales, tal como figuraba en las Capitulaciones.

La concepción de los españoles era muy distinta. Herederos de una larga tradición conquistadora y replobadora que culminan precisamente los Reyes Católicos, no estaban conformes con el aliciente de un salario fijo. Querían poderse establecer libremente, poseer en propiedad la tierra y asimilarse con su gente mediante estímulos económicos de libertades y franquicias. El control último de la empresa lo tendría reservado la Corona, pero la iniciativa privada y sus posibles beneficios tendrían una participación destacada.

Era lógico que formas tan opuestas de entender la colonización chocaran pronto y, en especial, cuando los objetivos propuestos por el Almirante, como la obtención fácil de oro y riquezas que él había vaticinado con tanto ahínco, por el momento no se habían conseguido en cantidades suficientes. Los españoles murmuraban también del favoritismo concedido por el Almirante a sus hermanos Bartolomé y Diego, dotados, según ellos, de escaso tacto diplomático. América se había transformado en un feudo de los Colón y aquellas gentes curtidas algunas en cien batallas, y que habían ido allí a respirar la libertad que muchas veces no tenían en Castilla, no lo podían tolerar.

CAPÍTULO XVI

CRISTÓBAL Y BARTOLOMÉ COLÓN, PRESOS

Cuando decidieron sobre el magistrado solicitado por Colón, los monarcas debieron estudiar muchos informes contradictorios, aunque en todos abundaban las pruebas de que los hermanos Colón no eran aptos para gobernar a gente tan aventurera y díscola como la que estaba marchando al Nuevo Mundo.

Pedro Mártir, muy allegado a la reina Isabel, confiesa que en la Corte se acusaba a Colón de ser *injusto, él y su hermano, aparte de impíos, enemigos y malversadores de la sangre española.*

Los reyes, al final, eligieron a *un caballero, antiguo criado de la Casa Real, hombre muy honesto y religioso, llamado Francisco de Bobadilla, caballero de la orden militar de Calatrava*, otorgándole plenos poderes para ejercer la *Gobernación e oficio de Juzgado de esas dichas islas y tierra firme.*

Lo cual era lo mismo que quitarle a Colón su título de virrey y gobernador de lo descubierto.

Bobadilla llega a la isla de Santo Domingo

Fue el 12 de agosto cuando Bobadilla llegó con dos carabelas a Santo Domingo, donde a la sazón se hallaba solo

Diego Colón, ya que el Almirante estaba en la Concepción, reduciendo a sus enemigos cristianos, y Bartolomé estaba con Francisco Roldán haciendo lo mismo en Xaraguá.

> *De cuando en cuando* —escribe Madariaga—, *uno u otro de sus belicosos hermanos enviaba a Don Diego un racimo de prisioneros con la orden terminante de ahorcarlos sin pérdida de tiempo, y el desdichado Diego, que no tenía suficiente con una horca, tuvo que levantar una a cada extremo de la ciudad.*

Bobadilla, al ver que el viento no era favorable para su entrada en el puerto, se mantuvo al pairo en alta mar. El gobernador interino envió una canoa a las naves para informarse de quién era el comandante de la expedición y su objetivo.

Sin embargo, fue Bobadilla quien en realidad se enteró de lo que ocurría en la isla, como por ejemplo, que aquella misma semana habían ahorcado a siete españoles y que había otros cinco, entre los que se hallaban Pedro Riquelme y Hernando de Guevara, aguardando la vez.

Bobadilla decidió actuar con gran cautela y tacto. Al día siguiente asistió a misa con todo su séquito, y al salir del templo, en el pórtico, hizo leer a su escribano ante la mayor parte de los habitantes de la ciudad, su nombramiento de pesquisidor general.

Sin mostrar todas sus cartas, que eran numerosas, le pidió a Diego que le entregase todos los prisioneros, pero éste alegó que debía esperar la llegada del Almirante, pues él carecía de poderes.

Al día siguiente, al salir de la iglesia, Bobadilla repitió la misma ceremonia, pero esta vez el escribano leyó una carta real donde se nombraba al comendador de Calatrava, gobernador de la isla.

120

Después de prestar juramento del cargo, insistió cerca de Diego y del alcalde mayor, Rodrigo Pérez, para que le entregaran los presos y las actas del proceso contra ellos.

Diego volvió a rechazar las peticiones de Bobadilla, con los mismos alegatos que el día anterior. Entonces, el comendador no se anduvo con chiquitas y puso todas sus cartas al descubierto ante la muchedumbre que presenciaba la escena.

El escribano leyó otras dos cartas. En la primera, los reyes ordenaban que le fueran entregadas las fortalezas, armas y bastimentos, y en la segunda se le autorizaba a pagar los sueldos devengados con cargo a la cuenta real o a la del Almirante, según el caso. Este último documento fue el final del debate, pues puso casi a todos los habitantes de la colonia de parte del pesquisidor general.

Al ver que Diego volvía a rechazar las pretensiones de Bobadilla, éste fue con sus tropas y numerosos voluntarios a la fortaleza y la tomó por la fuerza en nombre de los reyes.

Desde entonces se inició una verdadera guerra entre el nuevo gobernador Bobadilla y Cristóbal Colón, virrey y gobernador general de las Indias, con una serie de transacciones por intermedio de fray Juan de Trasierra, el tesorero real Velázquez, que terminaron con la detención y procesamiento de Cristóbal Colón y sus hermanos Bartolomé y Diego.

En verdad, Bobadilla fue un auténtico oportunista, ya que hizo pregonar que se podía acaparar oro libremente entregando la undécima parte al Erario, con lo que la mayor parte de los colonos se pusieron de su parte, acusando de delitos innumerables a los Colón.

Cuando, por fin, Cristóbal se presentó en Santo Domingo, a fin de dejar bien sentada cuál era la autoridad judicial de Bobadilla, supo que su hermano Diego estaba detenido, y que él y Bartolomé debían correr igual suerte.

Por su parte, tampoco está muy clara la conducta del Almirante. El proceso que Bobadilla abrió a Colón desapareció de forma misteriosa, de modo que cuando se iniciaron los famosos «pleitos colombinos», el fiscal lo reclamó reiteradamente, sin que le fuese entregado.

> *Dicen que el nuevo gobernador* —escribió Pedro Mártir—, *ha enviado a los reyes cartas escritas por el Almirante en caracteres desconocidos, en las que advierte y aconseja a su hermano el adelantado, que estaba ausente, que venga con fuerzas armadas a defenderle contra todo ataque por si el gobernador intentase venir contra él con violencia.*

Y Las Casas añade:

> *Los Colón no mostraron prudencia ni discreción al gobernar a los españoles como debieron hacerlo.*

La contraorden de los reyes

Poco después presentose Bartolomé Colón en Santo Domingo, llamado por carta de parte de su hermano Cristóbal, a petición de Bobadilla, y los tres miembros de la dinastía de los Colón quedaron en la fortaleza cargados de grillos, en tanto que Bobadilla iba recopilando todas las acusaciones, muchas de ellas fundadas en malevolencias, rumores y chismes de los enemigos de Colón.

No hay que dudar que el gobierno de los Colón había dejado mucho que desear, pero no bastaba ello para humillar al gran descubridor y cargarle con grillos como si del peor de los criminales se tratara.

Fue a primeros de octubre de 1500, a los ocho años de haber pisado por primera vez Colón tierras americanas, en la isla de Guanahaní, cuando él y sus hermanos abandonaron Santo Domingo, encadenados, rumbo a España.

El Almirante había llegado tan alto y se hallaba tan pagado de sí mismo, que la caída debió de ser casi mortal. Durante la travesía escribió estas palabras:

Si yo robara las Indias... y las diera a los moros,
no pudieran en España mostrarme mayor enemiga.

A Colón le custodiaba Alfonso de Vallejo, pariente del obispo Fonseca, por lo que Las Casas opinó que el obispo *que hacía oficio de vizcaíno, no era ajeno a la caída del Almirante y a las trapisondas de Bobadilla.*

Sin embargo, tan pronto como zarpó la carabela en la que iba Colón, Vallejo quiso quitarle los grillos, pero *Colón jamás lo consintió, diciendo que, puesto que los Reyes Católicos mandábanle por su carta que ejecutase lo que en su nombre mandase Bobadilla, y éste, por su autoridad y comisión, le había puesto los grillos, no quería que otras personas que las de Sus Altezas hicieran sobre ello lo que les pareciese, pues tenía determinado guardar los grillos para reliquia y memoria del premio de sus muchos servicios, y así lo hizo, porque yo los vi siempre en su cámara y quiso que fuesen enterrados con sus huesos,* dice Fernando Colón.

El tercer regreso de Colón a Castilla no tuvo, como los dos precedentes, tormentas, huracanes, hambre o sed. ¡Pero qué tempestad debía rugir en el pecho de Cristóbal!

Cádiz recibió con estupefacción al Almirante. Inmediatamente después de su llegada escribió una carta al ama del príncipe don Juan, del que sus hijos Diego y Fernando eran pajes, con abundantes detalles.

Astutamente, Colón sabía que éste era el camino más corto de llegar a los reyes y adelantarse a los informes oficiales de Bobadilla.

A la sazón, la corte se hallaba en Granada, y Fernando, el hijo de Cristóbal, recordó más tarde que los cortesanos enemigos de su padre decían al verle junto a su hermano:

Mirad los hijos del Almirante, los mosquitillos de aquél que ha hallado tierras de vanidad y engaño para sepulcro y miseria de los fijodalgos castellanos, añadiendo otras muchas injurias, por lo cual excusábamos de pasar por delante de ellos.

No obstante, cuando los Reyes Católicos se enteraron de que los hermanos Colón estaban en la cárcel, ordenaron que al instante fuesen puestos en libertad.

Luego, para que pudiesen presentarse en la corte con la dignidad que correspondía a su alto rango, los monarcas enviaron al Almirante dos mil ducados.

Dice Las Casas que el 17 de diciembre de 1500, Cristóbal y sus dos hermanos comparecieron ante doña Isabel y don Fernando. El Almirante cayó de rodillas, a causa de su emoción. Así, empezó a temblar y sollozar. Por lo visto, solamente al escuchar el tono amable de los reyes, ordenándole alzarse, se serenó y cobró ánimos, hablando largamente de su lealtad a los soberanos, y explicando que si había cometido errores fueron hechos de toda buena fe.

Bartolomé, en cambio, más soberbio, les recordó a los reyes que, viviendo en París al servicio de Madame de Borbón, había sido requerido por su hermano el Almirante *para venir a servir a los Reyes de Castilla y Aragón, porque sería honrado y acrecentado.*

Después, agregó que había cumplido con su deber obedeciendo al Almirante y sirviendo a los monarcas en la dicha conquista, en la que había estado cinco años, y juró

> *... que los cinco no durmió en cama ni desnudo, e siempre la muerte al lado e sufrido muchas necesidades que se deberían saber; e agora que estaba todo conquistado e puesto bajo su real señorío, e*

*esperando mercedes, el comendador Bobadilla lo
prendió por mandato de Vuestras Altezas, con mucho
deshonor, e le envió acá cargado de fierros, sin pesar
la casa dello; porque cuanto él ha fecho ha sido con
muy buen fin e por servir e acrecentar su real señorío. Suplica le remedien e le manden pagar su salario, e si les puede servir en algo o le han menester
porque él pueda remediar su vida.*

La buena acogida de los Reyes Católicos no modificó un
ápice los hechos. Aunque a Cristóbal Colón le fueron reco-
nocidos de nuevo todos sus derechos como Gran Almirante
y virrey de las Indias, a partir de entonces estos cargos y títulos serían ya más nominales que efectivos.

La Corona debía recuperar todos sus plenos derechos sobre
la colonización de las Indias y lo hecho por Bobadilla for-
maba parte integrante de la política de los soberanos, con-
sistente en no engrandecer nunca a nadie que pudiera hacerles sombra.

Y así, el 3 de septiembre los monarcas nombraron a Nicolás
de Ovando gobernador de las Indias con plenos poderes.
Cristóbal Colón tenía que conformarse con una participación
en el comercio del oro y otros productos de las Antillas.

Preparativos del cuarto viaje

Cristóbal Colón, muy astuto como siempre, advirtió que
si bien en Castilla podía gozar de una vida cómoda y pla-
centera, en cambio su autoridad sería ya nula. Y a causa de
su orgullo, por otra parte legítimo, no podía resignarse a un
papel tan secundario.

Desde que llegó a España después del tercer viaje, envió
toda clase de cartas y documentos a los reyes, con el fin de
que le permitiesen equipar más naves para un cuarto viaje.

Los monarcas no sólo no le quitaron todas las esperanzas sino que las alentaron. Sin embargo, la primera promesa firme que recibió fue una carta con fecha del 26 de febrero de 1502, comunicándole que estaban ultimándose los preparativos de la nueva travesía.

Pero había ciertas condiciones bastante severas: no podía recalar en Santo Domingo ni dirigirse a La Española. Sus exploraciones debían ceñirse a la línea de demarcación del tratado de Tordesillas (este tratado había sido una concesión del Papa a los Reyes Católicos, lo que obligó a Juan II de Portugal a negociar directamente con aquéllos la demarcación de las zonas de influencia de los respectivos países en las tierras descubiertas o por descubrir. El tratado se firmó en Tordesillas el 7 de junio de 1494, desplazando la línea de demarcación de la bula *Inter Cætera* a 370 leguas al oeste de Cabo Verde, lo que permitió más adelante a los portugueses instalarse en el Brasil).

Asimismo, Colón debía dar buen trato a sus tripulantes, tenía prohibido hacer esclavos y comerciar con los indios. Su única misión consistiría en informar de la naturaleza de las tierras y de sus habitantes.

Colón contaba en aquella época cuarenta y nueve años, y padecía de artritis, así como de una dolencia en la vista. Pese a todo, estaba muy animoso porque esperaba todavía descubrir el paso de un océano a otro, que él situaba aproximadamente por el istmo de Panamá.

Antes de partir puso todos sus asuntos en orden, particularmente lo relativo a sus legados y disposiciones testamentarias.

Mientras tanto, preparándose ya para la cuarta singladura, leía incansablemente los libros que más y mejor, según él, podían informarle acerca de lo que Dios le reservaba todavía.

Colón es Colón, y es forzoso que, estando al servicio de Dios, y éste considerándole como su hijo privilegiado,

126

descubra lo que siempre ha soñado, lo que siempre ha anhelado: el paso al otro océano, tal vez más temible que éste ahora cruzado, que ha de conducirle irremediablemente a los fabulosos dominios del Gran Khan, vistos ya por Marco Polo, y de los que sabiendo interpretar bien los textos, habla también la Sagrada Biblia.

Porque ahora ya sabe que no ha estado aún en el Quersoneso áureo, ni en la India, ni en el Paraíso Terrenal. Ahora comprende ya su triple fracaso y desea convencerse a sí mismo de que en esta ocasión hallará lo que busca tan ansiosamente.

Escribe Luis Arranz que «el Almirante se embarcó en este viaje no por gusto, sino por obedecer a los reyes, que insistentemente se lo pidieron. Él había cumplido ya; y lo que prometió en su día, descubierto estaba»[1]. El objetivo final de esta singladura que pasó a la historia con el nombre de «viaje largo» o «alto viaje» era llegar a la Especiería o Maluco, con el fin de adelantarse a los más tenaces rivales entonces de los hispanos en la carrera «descubridora»: los portugueses, y clavar en el codiciado archipiélago el pendón castellano. Esta vez no podía fallar, había que encontrar el paso como fuera «de la mar Océana al mar Indico». Si así lo hacía y en esto pensaba que Dios no le había olvidado, todos los sinsabores, penas y miserias de los otros viajes quedarían olvidados.

¿Por qué se había despertado aquella rápida carrera hacia la Especiería? De momento, Castilla no se había inquietado, incluso se había apuntado un tanto cuando Colón, de regreso del primer viaje, fue recibido en Lisboa por el soberano luso, quien le inquirió noticias de lo realizado, pensando que había perdido la partida, pero cuando se desveló el misterio, los portugueses redoblaron sus esfuerzos, que dieron por resultado la llegada a Calicut de la expedición dirigida por Vasco

---

[1] LUIS ARRANZ, *op. cit.*

de Gama (1497-99). Vasco de Gama no cejaba en su empeño y dos meses antes que Colón (en febrero), se había echado a la mar con destino a Oriente.

A la vista de todo esto, era lógico que los Reyes Católicos animaran a Colón a hacerse cuanto antes a la mar. Esa urgencia queda reflejada en la carta enviada desde Valencia de la Torre:

> *Las mercedes que vos tenemos fechas vos serán guardadas enteramente según la forma a tenor de nuestros privilegios que dellas tenéis sin ir en cosa contra ellas, y vos y vuestros hijos gozaréis dellas como es razón; y si necesario fuere confirmarlas de nuevo las confirmaremos, y a vuestro hijo mandaremos poner en la posesión de todo ello, y en más que esto tenemos voluntad de vos honrar y facer mercedes, y de vuestros hijos y hermanos. Nos tendremos el cuidado que es razón: y todo esto se podrá facer yendo vos en buena hora y quedando el cargo a vuestro hijo como está dicho; y así vos rogamos que en vuestra partida no haya dilación.*

Por orden de los Reyes Católicos, Colón, que había desembarcado en Palos, se dirigió a Barcelona.

CAPÍTULO XVII

EL CUARTO VIAJE

En realidad, el cuarto viaje fue una sucesión de desdichas desde el principio al final.

El Almirante partió nuevamente de Cádiz el día 6 de mayo de 1502, al mando de una flotilla formada por cuatro naves de gavia, de 60 toneladas de porte la mayor y 50 la menor, con 140 hombres elegidos por él mismo, entre los que se hallaba su hermano Bartolomé, y su hijo menor, Fernando.

Fueron hacia Canarias y de allí llegaron el 15 de junio a la isla de Matininó (Martinica) en el Caribe, donde descansaron tres días, para aguar y lavar la ropa.

De allí se dirigieron a Santo Domingo, pero el gobernador Ovando les impidió la entrada en el puerto, cumpliendo órdenes recibidas de España. Aquellos días tenían precisamente que zarpar para la península los que conducían al antiguo gobernador destituido, Bobadilla, y al rebelde Roldán y sus secuaces.

Dice Fernando Colón:

> *Mi padre avisó noblemente a esa escuadra del grave peligro que corría. Pero ante la obstinación de Ovando hubo de hacerse a la mar, donde naufragó apenas salida, a causa del huracán de que les había prevenido mi padre. Se ahogó el pesquisidor, Roldán y toda la gente, perdiéndose para la Historia mucha y buena documentación que arrojaba luz sobre el*

131

comportamiento de mi padre y mis tíos en el gobierno de La Española.

Colón y los suyos tuvieron más suerte, pues pese al tiempo inclemente llegaron a Jamaica y desde allí al Jardín de la Reina, la isla de Guanagua y los cabos de Gracias a Dios y de Honduras, éste ya en tierra firme de Cariay. En esta travesía emplearon 88 días.

Fue en Cariay donde Colón oyó hablar a los indios por primera vez de las provincias de Ciamba y Veragua, ricas en oro. La ambición desmedida de Colón se acrecentó al oír hablar de tales riquezas. Y siguió rumbo hacia tales tierras, con la firme esperanza, además, de encontrar un paso que le permitiera pasar al otro océano, del que también había oído hablar, a fin de llegar lo antes posible a los territorios del Gran Khan.

Tras diversos contratiempos, de los cuales no fue el menor el mal tiempo reinante de manera constante en toda la zona, por fin el día de la Epifanía de 1503 llegaron a Veragua. Al día siguiente empezó a llover torrencialmente.

El 24, una riada rompió amarras y proeses, amenazando llevarse los barcos. Aquel tiempo infernal que les perseguía sin cesar duró hasta el 14 de febrero.

Por fin, el Almirante no encontró el paso tan afanosamente buscado, pese a haber enviado a tierra firme 60 hombres, los cuales no tardaron en encontrar minas e indios que señalaban todo el horizonte como lleno de filones riquísimos de oro.

De buena gana, Colón habría seguido buscando el paso, mas para satisfacer el ansia de oro de sus gentes (y el afán suyo también), se asentó en Veragua donde trató de ganarse la buena voluntad de un reyezuelo llamado Quibian.

Pero la codicia y el mal comportamiento de la gente de Colón hizo que las relaciones con aquella gente pacífica se malograsen, llegando a estallar una revuelta en la que hubo muertos y prisioneros por ambas partes.

Por fin, partió Colón de allí la noche de Pascua *con los navíos podridos, abrumados, todos hechos agujeros.* Abandonó uno en Belén y otro en Belpuerto. En los otros dos restantes, siguieron rumbo a Jamaica, pasando por las islas Tortugas, teniendo por todo alimento *bizcocho casi podrido y un poco de aceite y vinagre,* viéndose obligados a achicar el agua con las bombas.

Cerca de Cuba casi se hundió la carabela *Bermuda,* en una tormenta.

Los navíos habían perdido los aparejos y estaban horada-dos de gusanos más que un panal de abejas y la gente aco-bardada y perdida.

Como las naves no podían sostenerse a flote, las encallaron en tierra, bordo con bordo, y con muchos puntales a una y otra parte, tan fijas que no se podían mover; así se llenaron de agua casi hasta la cubierta, sobre la cual, en los castillos de popa y proa, se arreglaron cámaras donde pudiera la gente alojarse, con intento de hacernos allí fuertes si los indios quisieran causarnos algún daño.

No sólo no se lo causaron sino que les abastecían en sus canoas, cambiando los víveres y otras cosas por las baratijas sin valor que llevaba Colón.

Era preciso llegar al menos a La Española en busca de socorros, por lo que, según Fernando, las canoas preparadas para tal ocasión fueron dos.

En la primera iba Méndez con seis españoles y diez indios, y en la segunda, Fieschi con otra tanta compañía. Corría ya el abrasador mes de julio, y en las canoas no llevaban brújula ni carta de navegación. Las naves era muy frágiles y el mar muy bravo. La sed angustiaba a los indios, que morían enlo-quecidos, con la lengua pegada al paladar, los brazos tron-chados por los remos y la espalda llagada por el sol.

Así navegaron tres días con sus noches, hasta llegar a Navasa, de donde al día siguiente continuaron rumbo a La Española.

> *Después de caminar* —cuenta el padre Las Casas—, *encontraron al gobernador general, quien les retuvo a su lado varios meses, sin darles la respuesta ni el socorro que demandaban ni permitirles regresar a Jamaica o trasladarse a Santo Domingo para fletar por su cuenta el barco salvador.*

Según algunos historiadores esto fue así por temor a que Colón intentase recobrar por la fuerza el gobierno de La Española; según otros, por el rumor de que, disgustado Colón con los Reyes Católicos, se proponía entregar las islas a los genoveses.

Hasta mayo de 1504 no pudo Diego Méndez enviar barco alguno al Almirante. Cuando al fin logró fletar uno, se embarcó para Castilla, llevando a los reyes la famosa carta del cuarto viaje, ya transcrita aquí en parte, que estaba firmada el 7 de julio de 1503 en Jamaica.

Mientras Ovando, por causas todavía no conocidas, pero sí crueles, retenía en su campamento de Xaragué a los intrépidos Méndez y Fieschi, sin permitir que éste volviera a Jamaica para darle cuenta a Colón de haber cumplido su peligroso encargo, los prisioneros encallados en Belpuerto padecían de hambre y de aburrimiento, sintiendo la añoranza de la lejana patria.

Esto condujo a una conspiración, a cuyo frente estuvo el capitán Francisco de Porras, anunciando su marcha hacia Castilla.

Colón no logró acallar la rebeldía. Los seguidores de Porras emprendieron la ruta hacia La Española, asaltando diez canoas indias. Costearon Jamaica, atacando a los poblados indios de la zona, capturando como remeros a muchachos forzudos.

Una vez cuatro leguas en alta mar, el viento se les mostró contrario y les obligó a regresar, tras arrojar al agua a varios indios.

De nuevo en tierra, acamparon en una aldea, y un mes más tarde volvieron a intentar la travesía, fracasando de nuevo. Perdidas las canoas y toda esperanza, para no volver junto al Almirante, se convirtieron en bandoleros astrosos que, como lobos hambrientos, merodeaban por las chozas indias, e iban sembrando el terror y el espanto.

El eclipse de luna

Mientras tanto, por haberse agotado en Belpuerto los sacos de baratijas que entregaban a los indios a cambio de víveres, éstos empezaron a mostrarse reacios a dar su maíz. La situación era ya crítica, pero Dios (según Colón, siempre gran actor y fiel a su creencia de ser el elegido del cielo), le inspiró al Almirante una estratagema mucho más convincente para la ignorancia de los indios.

En efecto, Colón recordó que en el calendario de Regiomontano que tenía en su cámara, los astrónomos anunciaban para el día 22 de febrero de 1504 un eclipse total de luna. Y como los indios debían ignorar por completo las leyes de tal fenómeno, no le sería difícil hacer que aceptasen la versión que les daría Colón sobre el caso.

De este modo, Cristóbal Colón sentó plaza de mago, al decirles que iba a quitarles la luna blanca y redonda que bañaba sus playas y sus selvas, si continuaban negándole a él y a los suyos el sustento diario. Añadió que la noche sería eternamente negra para ellos.

Naturalmente, la comedia salió a pedir de boca y los pobres salvajes quedaron estupefactos y asustadísimos ante la magia de Colón, que con sus gestos iba haciendo que la luna se fuese borrando del cielo. Todos cayeron de rodillas ante él y volvieron a suministrarle cuantos víveres quisieron.

Sin embargo, reanimados los estómagos por el alimento recibido, en vez de agradecérselo a Colón, muchos empezaron a pensar en abandonarle a su suerte. Este plan no se llevó a cabo porque cuando menos lo pensaban, se vio en el horizonte una carabela enviada al fin por Ovando. Pero ni suministros ni la repatriación. En la carabela sólo había un barril de vino, medio puerco asado, buenas palabras del gobernador y una carta de Diego Méndez dando cuenta de su viaje.

El mismo día de su arribada, la nave de Ovando regresó a La Española, tras recoger el capitán una carta doliente de Cristóbal Colón para Ovando.

Seguro ya de ser salvados, el Almirante llamó a los rebeldes. Con toda seguridad, no quería regresar a Castilla sin hacerlo como Almirante al mando de sus hombres. Pero los rebeldes se negaron a someterse a la autoridad de Colón, al que ya no reconocían como su jefe, y trataron de imponerle unas condiciones que aquél no podía aceptar.

Porras, entonces, decidió avanzar hasta las naves encalladas y tomar prisioneros al Almirante, a Bartolomé y a Fernando. Pero sabedor Colón de este proyecto, envió a Bartolomé con la orden de convencerles y hacerles desistir o vencerlos.

Bartolomé no los convenció pero sí los venció. Varios rebeldes murieron o fueron hechos prisioneros, figurando entre ellos el mismo Porras.

Todos presentaron al día siguiente un escrito pidiendo gracia y jurando fidelidad a Colón.

Éste decidió perdonarles y un mes más tarde llegó la carabela enviada por Diego Méndez, que los transportó a todos a Santo Domingo, llegando allí el 13 de agosto de 1504.

El gobernador Ovando, hipócritamente, recibió a Colón con grandes muestras de simpatía, alojándole en su casa,

136

aunque tratando de arrogarse toda la autoridad, por delante del Almirante. Éste protestó enérgicamente, y Ovando tomó la decisión de enviar lo antes posible a Castilla a tan molesto huésped.

El 12 de septiembre de 1504, Cristóbal Colón abandonó el Nuevo Mundo descubierto por él. Estaba aviejado por las fatigas pasadas, y enfermo de artritis hasta el punto de que a menudo no podía moverse por sí mismo.

El 7 de noviembre llegó a la barra de Sanlúcar. Tuvieron que llevarle a Sevilla en unas parihuelas, donde tenía casa abierta, a pesar de su afirmación «de que por no tener en Castilla, no tenía ni una teja, había de comer y dormir en tabernas y mesones, donde difícilmente podía pagar el escote».

Desde Sevilla envió varias cartas a los reyes, cartas que Isabel no pudo ya leer puesto que falleció el 26 del mismo mes en Medina del Campo.

Y aunque Colón siempre pensó que Isabel le rehabilitaría solemnemente, la reina, por razones desconocidas, o sólo conocidos por ella y por su esposo Fernando, calló y dejó a éste el estudio y la recompensa del último viaje del Almirante a la Mar Océana, donde había perdido la ocasión de una muerte bellísima, según afirma Ximénez de Sandoval.

CAPÍTULO XVIII

CARTA DE COLÓN

(Según la relación hecha en una carta dirigida por Cristóbal Colón a los Reyes Católicos.)

Serenísimos y muy altos y poderosos príncipes; rey y reina, nuestros señores:

De Cádiz pasé a Canarias en cuatro días, y de allí a las Indias en diez y seis días, donde escribía. Mi intención era dar prisa a mi viaje en cuanto yo tenía los navíos buenos, la gente y los bastimentos, y que mi derrota era en la isla de Jamaica, y en la Dominica escribí esto. Hasta allí traje el tiempo a pedir por la boca. Esa noche que allí entré fue con tormenta grande y me persiguió siempre.

Cuando llegué sobre La Española envié el envoltorio de cartas y a pedir por merced un navío por mis dineros, aunque otro que yo llevaba era innavegable y no sufría velas. Las cartas tomaron y sabrán si se las dieron la respuesta. Para mí fue mandarme de parte de ahí, que yo no pasase tiempo ni llegase a la tierra.

Cayó el corazón a la gente que iba conmigo, por temor de los llevar yo lejos, diciendo que si algún caso de peligro les viniese que no serían remediados allí, antes les sería hecha alguna grande afrenta. También a quien plugo dijo que sólo el comendador había de proveer todas las tierras que yo ganase.

La tormenta era terrible y aquella noche me desmembró los navíos; a cada uno llegó por su cabo sin esperanza, salvo de muerte; cada uno dellos tenía por cierto que los otros eran perdidos. ¿Quién nació, sin quitar a Job, que no muriera desesperado? ¿Qué por mi salvación y la de mi hijo, hermanos y amigos se fuese en tal tiempo definida la tierra y puertos que, por voluntad de Dios, gané para España sudando sangre?

Y torno a los navíos que así me había llevado la tormenta y dejado a mí solo. Deparómelos Nuestro Señor cuando le plugo. El navío Sospechoso había echado a la mar, por escapar, hasta la isla la Gallega; perdió la barca y todos gran parte de los bastimentos; en el que yo iba, abalumado a maravilla, Nuestro Señor le salvó, que no hubo daño de una paja. En el «Sospechoso» iba mi hermano y él, después de Dios, fue su remedio. Y con esta tormenta, así a gatas, me llegué a Jamaica; allí se mudó de mar alta en calmería y grande corriente, y me llevó hasta el Jardín de la Reina sin ver tierra. De allí, cuando pude, navegué a tierra firme, donde me salió el viento y corriente terrible al opósito; combatí con ellos sesenta días y en fin no le pude ganar más de sesenta leguas.

En todo este tiempo no entré en puerto ni pude ni me dejó tormenta del cielo, agua y trombones y relámpagos de continuo, que parecía el fin del mundo. Llegué al cabo de Gracias a Dios, y de allí me dio Nuestro Señor próspero el viento y corriente. Esto fue a 12 de septiembre. Ochenta y ocho días había que no me había dejado espantable tormenta, atando que no vide al Sol ni estrellas por mar; que a los navíos tenía yo abiertos a las velas rotas, y perdidas anclas y jarcia, cables, con las barcas y muchos bastimentos, la gente muy enferma y todos contritos y muchos con promesa de religión y no ninguno sin otros votos y romerías, hasta terminar el tiempo malo.

Llegué a tierra de Carlay, donde me detuve a remediar los navíos y bastimentos y dar aliento a la gente, que venía muy enferma. Yo, que como dije, había llegado muchas veces a la muerte, allí supe de las minas de oro de la provincia de Ciamba, que yo buscaba.

El recibimiento ofrecido por los Reyes a Colón fue de gran solemnidad.

Dos indios me llevaron a Carambaru, donde la gente anda desnuda y al cuello un espejo de oro, mas no le querían vender ni dar a trueque. Nombráronme muchos lugares en la costa de la mar, donde decían que había oro y minas; el postrero era Veragua y lejos de allí obra de veinticinco leguas. Partí con intención de los tentar a todos y llegando ya al medio supe que había minas a dos jornadas de andadura. En esa noche se levantó tanta mar y viento que fue necesario correr hacia donde él quiso; y el indio adalid de las minas siempre conmigo.

En un puerto excusé diez días de gran fortuna de la mar y del cielo; allí acordé de no volver atrás a las minas y dejélas ya por ganadas. Partí, por seguir mi viaje, lloviendo; llegué a puerto de Bastimentos, adonde entré y no de grado. La tormenta y gran corriente me entró allí catorce días, y después partí y no con buen tiempo.

Cuando yo hube andado quince leguas forzosamente, me reposó atrás el viento y corriente con furia. Volviendo yo al puerto donde había salido, hallé en el camino el Retrete, donde me retraje con harto peligro y enojo y bien fatigado yo y los navíos y la gente. Allí mudé de sentencia de volver a las minas y hacer algo hasta que me viniese tiempo para mi viaje y marear. Y llegado con cuatro leguas, revino la tormenta y me fatigó tanto, que ya no sabía de mi parte. Allí se me refrescó el mal de la llaga; nueve días anduve perdido sin esperanza de vida; ojos nunca vieron la mar tan alta, y hecha espuma.

Allí me detenía en aquella mar hecha sangre, hirviendo como caldera por gran fuego. El cielo jamás fue visto tan espantoso; un día con la noche ardió como horno; y así echaba la llama con los rayos, que cada vez miraba yo si me había llevado los mástiles y velas. La gente estaba molida que deseaba de verdad la muerte para salir de tanto martirios.

Cuando plugo a Nuestro Señor, volví a Puerto Gordo, donde reparé lo mejor que pude. Volví otra vez hacia Veragua, aunque ya no estuviera para ello. Llegué casi donde antes y allí me salió otra vez el viento y corrientes al encuentro. Y volví otra vez al puerto, que no osé esperar la oposición de Saturno con mares tan desbaratados en costa brava.

Esto fue día de Navidad, en horas de misa. Volví otra vez donde yo había salido con harta fatiga y, pasado Año Nuevo, torné a la porfía. Día de la Epifanía llegué a Veragua, ya sin aliento. Allí me deparó Nuestro Señor un río y seguro puerto. Metíme en él con pena y al día siguiente recordé la fortuna: si me halla fuera, no pudiera entrar a causa del banco que había a la entrada. Llovió sin cesar hasta 14 de enero y estando ya seguro a 24 de enero, de improviso vino el río muy alto y fuerte; quebróme las amarras y proeses y hubo de llevar los navíos, y cierto los vi en mayor peligro que nunca.

Remedió Nuestro Señor como siempre hizo. A 6 de febrero, lloviendo, envié setenta hombres a tierra adentro, y a las cinco leguas hallaron muchas minas; los indios que iban con ellos los llevaron a un cerro muy alto y de allí les mostraron hacia toda parte cuando los ojos alcanzaban, diciendo que en toda parte había oro y que hacia el Poniente llegaban las minas veinte jornadas, y nombraban las villas y lugares y donde había de ello más o menos.

Después supe yo de que el Quibian que había dado estos indios les había mandado que fuesen a mostrar las minas lejos y de otro su contrario, y que adentro de su pueblo cogía, cuando él quería, un hombre en diez días una moneda de oro. Los indios sus criados y testigos de esto traigo conmigo. Donde él tiene el pueblo llegan las barcas. Volvió mi hermano con esa gente y todos con oro que habían cogido en cuatro horas que fue allá a la estaca. Asenté pueblo y di muchas dádivas al Quibian, que así llaman al señor de la tierra. Y bien sabía que no había de durar la concordia, ellos muy rústicos y nuestra gente muy importuna, y me aposesionaba en su término.

Después que él vido las cosas fechas y el tráfago tan vivo, acordó de las quemar y matarnos a todos. Muy al revés salió su propósito: quedó preso él, mujeres e hijos criados; bien que su prisión duró poco. El Quibian se huyó a un hombre honrado, a quien se había entregado con guarda de hombres; y los hijos se fueron a un maestre de navío, a quien se dieron en él a buen recaudo.

En enero se había cerrado la boca del río. En abril los navíos estaban todos comidos de broma y no los podía sostener sobre agua. En este tiempo hizo el río un canal, por donde saqué tres de ellos vacíos con gran pena. Las barcas volvieron adentro por la sal y agua. La mar se puso alta y fea, y no dejó salir afuera; los indios fueron muchos y juntos, y las combatieron, y en fin los mataron.

Mi hermano y la otra gente toda estaban en un navío que adentro; yo muy solo de fuera en tan brava costa, con fuerte fiebre, en tanta fatiga; la esperanza de escapar era muerta. Cansado, me adormecí gimiendo. Una voz muy piadosa oí, diciendo: «¡Oh, estulto y tardo a creer y a servir a tu Dios, Dios de todos! ¿Qué hizo Él más por Moisés o por David su siervo? Desque naciste, siempre Él tuvo de ti muy grande cargo. Cuando te vido en edad de que Él fue contento, maravillosamente hizo sonar tu nombre en la tierra. Las Indias, que son parte del mundo tan ricas, te las dio por tuyas. Yodo lo que Él promete cumple con acrecentamiento. Ahora medio muestra el galardón de estos afanes y peligros que has pasado sirviendo a otros».

Yo, así amortecido, oí todo; mas no tuve respuesta a palabras tan ciertas, salvo llorar por mis yerros. Acabó Él de hablar, quienquiera que fuese, diciendo: «No temas, confía; todas estas tribulaciones están escritas en piedra mármol y no sin causa.»

Levantéme cuando pude, y al cabo de nueve días hizo bonanza. Partí en nombre de la Santísima Trinidad la noche de Pascua, con los navíos podridos, abrumados, todos hechos agujeros y allí en Belén dejé uno, y hartas cosas. En Belpuerto hice otro tanto. No me quedaron, salvo dos en el estado de los otros y sin barcas y bastimentos, por haber de pasar siete mil millas de mar y de agua o morir en el camino con hijo, hermano y tanta otra gente.

Llegué a 13 de mayo a la provincia de Mago, y de allí partí para La Española. La mar brava me hizo fuerza y hube de volver atrás sin velas. Surgí a una isla adonde golpe perdí tres anclas, y a la medianoche se rompieron las amarras al otro navío y vino sobre mí, que fue maravilla como no nos acabamos de se hacer rajas; el ancla, de forma que me quedó, fue ella, después de Nuestro Señor, quien me sostuvo. Al cabo de seis días, que ya era bonanza, volví a mi camino. Así, ya perdido del todo de aparejos y con los navíos horadados de gusanos más que un panal de abejas, y la gente tan acobardada y perdida, pasó algo adelante de donde yo había llegado denantes.

Paré en la misma isla en más seguro puerto. Al cabo de ocho días tomé a la vía y llegué a Jamaica en fin de junio. ¿Quién creyera lo que yo aquí escribo? Digo que de cien partes, no he dicho la una en esta letra. Los que fueron con el Almirante pueden lo atestiguar.

Cuando yo descubrí las Indias, dije que era el mayor señorío rico que hay en el mundo. Yo dije del oro, perlas, piedras preciosas, especerías, con los tratos y ferias, y porque no pareció todo tan presto fui escandalizado.

Este castigo me hace ahora que no diga salvo lo que yo oigo de los naturales de la tierra. De una oso decir, porque hay tantos testigos y es que yo vide en esta tierra de Veragua mayor señal de oro en dos días que en La Española en cuatro años, y que las tierras de la comarca no pueden ser más hermosas ni más labradas ni la gente más cobarde, y buen puerto y hermoso río y defensible del mundo.

Todo esto es seguridad de los cristianos y certeza de seño-río, con grande esperanza de la honra y acrecentamiento de la religión cristiana.

Tan señores son Vuestras Altezas de esto como de Jerez o Toledo; sus navíos que fueren allí van a su casa. De allí saca-rán oro; en otras tierras, para haber de lo que hay en ellas conviene que se lo lleven, o volverán vacíos; y en la tierra es necesario que fíen su persona de un salvaje.

Genoveses, venecianos y toda gente que tenga perlas, pie-dras preciosas y otras cosas de valor, todas las llevan hasta el cabo del mundo para las trocar, convertir en oro; el oro es excelentísimo; del oro se hace tesoro y con él, quien lo tiene, hace cuanto quiere en el mundo, y llega a que echa las almas al Paraíso.

Los señores de aquellas tierras de la comarca de Veragua, cuando mueren, entierran el oro que tienen con el cuerpo; así lo dicen. A Salomón llevaron de un camino seiscientos y sesenta y seis quintales de oro, allende lo que llevaron los mercade-res marineros, y allende lo que se pagó en Arabia. De este oro hizo doscientas lanzas y trescientos escudos e hizo el tablado que debía estar arriba de ellas de oro y adornado de piedras preciosas, e hizo otras muchas más cosas de oro y vasos muchos y muy grandes y ricos de piedras preciosas.

Josefo, en su crónica De Antiquitatibus, *lo escribe. En el Paralipomenon y en el Libro de los Reyes se cuenta de esto. Josefo quiere que este oro se hubiese en la Aurea. Si así fuese, digo que aquellas minas de la Aurea son unas y se convienen con estas de Veragua. Salomón compró todo aquello: oro, piedras y plata, y allí le pueden mandar a coger si les place. David, en su testamento, dejó tres mil quinientos quintales de oro de las Indias a Salomón para ayudar a edificar el tem-plo, y según Josefo era él de estas mismas tierras.*

Jerusalén y el Monte Sión ha de ser reedificado por manos de cristianos. Quién ha de ser, Dios por boca del profeta en el

146

décimo cuarto salmo, lo dice: El abad Joaquín dijo que éste había de salir de España. El emperador de Catayo ha días que mandó sabios para que le enseñen en la fe de Cristo. ¿Quién será que se ofrezca a esto? Si Nuestro Señor me lleva a España, yo me obligo a llevarlo, con el nombre de Dios siempre en salvo.

Esta gente que vino conmigo han pasado increíbles peligros y trabajos. Suplico a Vuestras Altezas, porque son pobres, que les mande pagar luego y les haga mercedes a cada uno según la calidad de la persona, que les certifico que, a mi creer, les traen los mejores nuevas que nunca fueron a España.

Yo tengo en más esta negociación y minas con esta escala y señorío, que todo lo otro que está hecho en las Indias...

Yo vine a servir de veintiocho años y ahora no tengo cabello en mi persona que no sea cano y el cuerpo enfermo, y gastado cuanto me quedó de aquéllos y me fue tomado y vendido y a mis hermanos hasta el sayo, sin ser oído ni visto, con gran deshonor mío...

Suplico, pues, humildemente a Vuestras Altezas que, si a Dios le place de me sacar de aquí, que haya por bien mi ida a Roma y otras romerías. Cuya vida y alto estado guarde la Santa Trinidad y acreciente.

Hecha en las Indias, isla de Jamaica, a 7 de julio de 1503 años.

Por esta carta puede adivinarse el estado mísero del antaño orgulloso Cristóbal Colón.

CAPÍTULO XIX

LOS ÚLTIMOS DÍAS
DE CRISTÓBAL COLÓN

El rey Fernando, entristecido por la muerte de su esposa Isabel (aunque durante la vida de ésta se había consolado por anticipado en los brazos de Germana de Foix, con la que más adelante se casó públicamente), y el cardenal Jiménez de Cisneros se ocupaban de remediar los males internos de la nación, sin poder escuchar las lamentaciones del Almirante, impedido y casi ciego, que se arrastraba penosamente de Sevilla a Segovia, donde estuvo en mayo de 1505 con el fin de entrevistarse con el rey.

Fernando le recibió, pero lleno de frialdad, prometiéndole no solamente la restauración de todos su privilegios sino concederle nuevas mercedes.

Colón no creyó todas las palabras dichas por Fernando, por lo que exigió la restitución del virreinato y el gobierno para sí o para Diego, su hijo, al que acababa de unir a una joven doncella de la casa ducal de Alba, doña María de Toledo, hija del maestro de León, don Fernando de Toledo, y sobrina del duque de Alba, don Fadrique.

Fernando el Católico, regente de Castilla por la muerte de su esposa Isabel, sin olvidar jamás los errores administrativos de los Colón en La Española (y tal vez dando oídos a los rumores acerca de un enamoramiento de Isabel hacia Colón, del que muchos biógrafos se han hecho eco), negó repetidas veces tal petición, según Ximénez de Sandoval, «solamente por razones políticas», cosa bastante increíble a la luz de todos los sucesos.

Muerte del descubridor de América

Perdidas casi todas las esperanzas, agotado por aquel cuarto viaje, Colón cayó en cama en una morada de Valladolid, cuyo emplazamiento no ha sido posible identificar pese a los esfuerzos efectuados. Sin embargo, aquella casa no era ningún mesón o tugurio, como algunos pretendieron, sino una casa de propiedad.

Es por esto que todas las protestas de pobreza que figuran en las cartas de Colón, más o menos auténticas, sólo fueron recogidas por el padre Las Casas y Fernando, a fin de que la posteridad creyese que el Almirante estaba en la más pura miseria. Esto fue una exageración, y la mejor prueba de ello es que en su testamento figuran sus «criados» como testigos.

En cama fue transcurriendo para Colón todo el mes de mayo de 1506. Fue entonces cuando, en un momento de menor dolor físico hizo llamar al escribano Pedro de Hinojedo y le dictó su último testamento, derogando los dos anteriores de 1498 y 1502.

Dos días más tarde, el 20 de mayo de 1506, moría para el mundo Cristóbal Colón, el hombre misterioso, el aventurero, que había dado a España y al mundo entero un inmenso territorio, que ni siquiera iba a llevar su nombre sino el de un oscuro aventurero llamado Américo Vespucio.

CAPÍTULO XX

TESTAMENTO DE CRISTÓBAL COLÓN
(Autógrafo)

«En el nombre de la Santísima Trinidad, el cual me puso en memoria y después llegó a perfecta inteligencia que podría navegar e ir a las Indias de España, pasando el mar Océano al Poniente, y así lo notifiqué al rey don Fernando y a la reina doña Isabel, Nuestros Señores, y les plugo de me dar aviamento, y aparejo de gentes y navíos, y de me hacer su Almirante en el dicho océano, allende de una raya imaginaria que mandaron señalar sobre las islas de Cabo Verde y aquéllas de las Azores, cien leguas que pasa de polo a polo, que dende en adelante al Poniente fuese su Almirante, y que en la tierra firme e islas que yo hallase y descubriese y dende que en adelante que de estas tierras fuese yo visorrey y gobernador y sucediese en los dichos oficios mi hijo mayor, y así de grado para siempre jamás, y yo hubiese el diezmo de todo lo que en el dicho almirantazgo hallase y hubiese y rentase, y asimismo la octava parte de las tierras y todas las otras cosas, y el salario que es razón llevar por los oficios de almirante, visorrey y gobernador, y con todos los otros derechos, pertenecientes a los dichos oficios, así como todo más largamente se contiene en este mi privilegio y capitulación que de Sus Altezas tengo.

»Y plugo a Nuestro Señor Todopoderoso que en el año de noventa y dos descubriese la tierra firme de las Indias y muchas islas, entre las cuales es La Española, que los indios llaman

Ayte y los monipongos de Cipango. Después volví a Castilla y Sus Altezas y me tornaron a recibir a la empresa y a poblar y descubrir más, así me dio Nuestro Señor victoria, con que conquisté e hice tributaria a la gente de La Española, y descubrí muchas islas a los caníbales y setecientas al Poniente de La Española, entre las cuales es aquélla de Jamaica, a que nos llamamos de Santiago, a trescientas y treinta y tres leguas de tierra firme de la parte del Austro al Poniente, allende de ciento y siete a la parte de Septentrión, que venía descubierto al primer viaje con muchas islas, como más largo se verá por mis escrituras y memorias y cartas de navegar.

»Primeramente que ha de suceder a mí don Diego, mi hijo, y si de él dispusiere Nuestro Señor antes que él hubiese hijos, o yo hubiese otro hijo, que suceda don Bartolomé, mi hermano, y dende su hijo mayor, y si de él dispusiera Nuestro Señor sin heredero, que suceda don Diego, mi hermano, siendo casado o para poder casar, y que suceda a él su hijo mayor, y así de grado en grado, perpetuamente para siempre jamás, comenzando en don Diego mi hijo y sucediendo sus hijos, de uno en otro perpetuamente, o falleciendo el hijo suyo suceda don Fernando, mi hijo, como dicho es, y así su hijo, y prosigan de hijo en hijo, para siempre él y los sobredichos don Bartolomé, si a él llegare, y a don Diego, mis hermanos. Y así a Nuestros Señor pluguiese que, después de haber pasado algún tiempo este mayorazgo en uno de los dichos sucesores, viniese a prescribir herederos hombres legítimos, haya dicho mayorazgo y le suceda y herede el pariente más allegado a la persona que heredado lo tenía en cuyo poder prescribió, siendo hombre legítimo que se llame y se haya siempre llamado de su padre y antecesores llamados de los de Colón. Y si esto acaeciera (lo que Dios no quiera), que en tal caso lo haya la mujer más allegada en deudo y en sangre legítima a la persona que así había logrado el dicho mayorazgo; y suplico al Santo Padre que ahora es y que sucederá en la Santa Iglesia ahora o cuando ascendiere que este mi compromiso y testamento haya

El padre Las Casas narró muchas de las vicisitudes de Colón, a veces con cierto espíritu crítico.

de menester para se cumplir de su santa ordenación y mandamientos, que en virtud de obediencia y so pena de excomunión papal lo mande, y que en ninguna manera jamás se disforme; y asimismo lo suplico al Rey y a la Reina, Nuestros Señores, y al príncipe Don Juan, su primogénito, Nuestro Señor, y a los que les sucedieren, por los servicios que yo les he hecho que, siendo yo nacido en Génova* *(v. pág. 168)* les vine a servir aquí en Castilla y les descubrí al Poniente de tierra firme las Indias y las dichas islas sobredichas.

»Primeramente, traerá don Diego, mi hijo y todos los que de mí sucedieren y descendieren, y así mis hermanos don Bartolomé y don Diego, mis armas, que yo dejaré después de mis días sin entreverar más ninguna cosa que ellas, y sellará con el sello de ellas. don Diego, mi hijo, o cualquier otro que heredase este mayorazgo, después de haber heredado y estado en posesión de ello, firme de mi firma, la cual ahora acostumbro, que es una X con una S encima y una M con una A romana con una S encima, con sus rayas y vírgulas, como yo hago ahora y se parecerá por mis firmas, de las cuales encima, y encima de ellas una S y después una Y griega se hallarán muchas y por ésta parecera** *(v. pág. 168)*.

»Y no escribiría sino «el Almirante», puesto que otros títulos el rey le diese o ganase; esto se entiende en la firma y no en su dictado, que podrá escribir todos sus títulos como le pluguiere. Solamente en la firma escribirá «el Almirante».

»Habrá dicho don Diego, o cualquier otro que heredase este mayorazgo mis oficios de Almirante del Mar Océano, que es de la parte del Poniente de una raya que mandó asentar imaginaria Su Alteza a cien leguas sobre las islas de las Azores y otro tanto sobre las de Cabo Verde, la cual parte de polo a polo, allende la cual mandaron y me hicieron su almirante en la mar, con todas las preeminencias que tiene el almirante don Henrique en el Almirantazgo de Castilla, y me hicieron su visorrey y gobernador perpetuo para siempre jamás, y en todas las islas y tierra firme descubiertas o por descubrir por mí, para mí y para mis herederos, como más largo parece por mis privilegios, los cuales tengo, y por mis capítulos, como arriba dije.

»Item: que el dicho don Diego o cualquier otro que heredare el dicho mayorazgo, repartirá la renta que a Nuestro Señor le pluguiere le dar en esta manera so la dicha pena.

»Primeramente, dará todo lo que este mayorazgo rentare ahora y siempre y de él y por él se hubiere y recaudare, la cuarta parte de cada año a don Bartolomé Colón, adelantado de las Indias, mi hermano, y esto hasta que él haya de su renta un cuento de maravedís para su mantenimiento y trabajo que ha tenido y tiene de servir en este mayorazgo, el cual dicho cuento levará, como dicho es, cada año, si la dicha cuarta parte tanto montare, si él no tuviese otra cosa; mas, teniendo algo o todo de renta, que dende en adelante no lleve el dicho cuento ni parte de ello, salvo que dende ahora habrá en la dicha cuarta parte hasta la dicha cuantía de un cuento, si allí llegare, y tanto que él haya de renta fuera de esta cuarta parte cualquier suma de maravedís de renta conocida de bienes que pudiere arrendar u oficios perpetuos, se le descontará la dicha cantidad que así habrá de renta o podría haber de los dichos sus bienes oficios perpetuos, y del dicho un cuento será reservado cualquier dote o casamiento que con la mujer que con quien él se casare hubiere; así que todo lo que él hubiere con la dicha su mujer no se entederá que por ello se le haya de descontar nada del dicho cuento, salvo de lo que él ganare o hubiere allende del dicho casamiento de su mujer, y después que plega a Dios que él o sus herederos o quien de él descendiere haya un cuento de renta de bienes y oficios, si los quisiere arrendar, como dicho es, no habrá él ni sus herederos más de la cuarta parte del dicho mayorazgo nada, y lo habrá el dicho don Diego o quien heredare.

»Item: Habrá de la dicha renta del dicho mayorazgo o de otra cuarta parte de ella don Fernando, mi hijo, un cuento cada año, si la dicha cuarta parte tanto montare, hasta que él haya dos cuentos de renta por la misma guisa y manera que está dicho de don Bartolomé, mi hermano, él y sus herederos, así como Don Bartolomé, mi hermano, y los herederos, del cual habrán el dicho un cuento o la parte que faltare para ello.

»Item: El dicho don Diego y don Bartolomé ordenarán que haya de la renta del dicho mayorazgo don Diego, mi hermano, tanto de ello con que se pueda mantener honestamente, como mi hermano que es, al cual no dejo cosa limitada, porque él quiere ser de la Iglesia, y le darán lo que fuere razón, y esto sea de montón mayor, antes que se dé nada a don Fernando, mi hijo, ni a don Bartolomé, mi hermano, o a sus herederos, y también según la cantidad que rentare el dicho mayorazgo; y si en esto hubiese discordia, que en tal caso se remita a dos parientes nuestros o a otras personas de bien, que ellos tomen la una y él tome la otra, y si no se pudiesen concertar, que los dichos dos compromisos escojan otra persona de bien que no sea sospechosa a ninguna de las dos partes.

»Item: Que esta renta que yo mando dar a don Bartolomé y a don Fernando y a don Diego, mi hermano, la hayan y les sea dada, como arriba dije, con tanto que sean leales y fieles a don Diego, mi hijo, o a quien heredare, ellos y sus herederos; y si se hallase que fuesen contra él en cosa que toque y sea contra su honra y contra acrecentamiento de mi linaje o del dicho mayorazgo, en dicho o hecho, por lo cual pareciese y fuese escándalo y abatimiento de mi linaje y menoscabo del dicho mayorazgo o cualquiera de ellos, que éste no haya dende en adelante cosa alguna; así que siempre sean fieles y leales a don Diego o a quien heredare.

»Item: Porque en el principio que yo ordené este mayorazgo tenía pensado de distribuir, y que don Diego, mi hijo, o cualquier otra persona que le heredase, distribuyeran de él la décima parte de la renta en diezmo y conmemoración del Eterno Dios Todopoderoso en personas necesitadas; para esto ahora digo que por ir y que vaya adelante mi intención y para que su Alta Majestad me ayude a mí y a los que esto heredaren acá o en el otro mundo, que todavía se haya de pagar el diezmo dicho de esta manera.

»Primeramente, de la cuarta parte de la renta de este mayorazgo, de la cual yo ordeno y mando que se dé y haya don Bartolomé hasta tener un cuento de renta, que se entienda que en este cuento va el dicho diezmo de toda la renta del dicho mayorazgo, y que así como creciere la renta del dicho Bartolomé, mi hermano, porque se haya de descontar de la renta de la cuarta parte del mayorazgo algo o todo, que se vea y cuente toda la renta sobredicha para saber cuánto monta el diezmo de ello, y la parte que no cabiere o sobrase a lo que hubiere de haber el dicho don Bartolomé para el cuento, que esta parte la hayan las personas de mi linaje en descuento del dicho diezmo los que más necesitados fueren y más menester lo hubieren, mirando de la dar a personas que no tenga cincuenta mil maravedís de renta, y si el que menos tuviese llegare hasta la cuantía de cincuenta mil maravedís, haya la parte el que pareciere a las dos personas que sobre esto aquí eligieron con don Diego o con quien heredare; así que se entienda que el cuento que yo mando dar a don Bartolomé son y en ellos entra la parte sobredicha del diezmo del dicho mayorazgo, y que toda la renta del mayorazgo quiero o tengo ordenado que se distribuya en los parientes míos más allegados al dicho mayorazgo y que más necesitados fueren, y después que el dicho don Bartolomé tuviere su renta un cuento y que no se le debe nada de la dicha cuarta parte, entonces y antes se verá y vea el dicho don Diego, mi hijo, o la persona que tuviese el dicho mayorazgo con las otras dos personas que aquí diré cuenta, en tal manera que todavía el diezmo de toda esta renta se dé y hayan las personas de mi linaje que estuvieren aquí o en cualquier otra parte del mundo, adonde las envíen a buscar con diligencia, y sea de la dicha cuarta parte de la cual el dicho don Bartolomé ha de haber el cuento; los cuales yo cuento y doy en descuento del dicho diezmo, con razón

157

de cuenta, que si el diezmo sobredicho más montare, esta demasía salga de la cuarta parte y la hayan los más necesitados, como ya dije, y si no bastare, que lo haya don Bartolomé hasta que de suyo vaya saliendo, y dejando de esta manera un cuento en parte o en todo.

»Item: Que el dicho don Diego, mi hijo, o la persona que heredare tomen dos personas de mi linaje, los más allegados y personas de ánima y autoridad, los cuales verán la dicha renta y la cuenta de ella, todo con diligencia, y harán pagar el dicho diezmo de la dicha cuarta parte de que se da dicho cuento a don Bartolomé, a los más necesitados de mi linaje que estuvieren aquí o en cualquier otra parte; y pesquisarán de los haber con mucha diligencia y sobre cargo de sus ánimas. Y porque podría ser que el dicho don Diego o la persona que heredase no querrán por algún respeto que revelaría al bien suyo y honra y sostenimiento del dicho mayorazgo que no se supiese enteramente la renta de ello, yo le mando a él que todavía le dé dicha renta sobre el cargo de su ánima, y a ellos les mando sobre cargo de sus conciencias y de sus ánimas, que no lo denuncien ni publiquen, salvo cuando fuere la voluntad del dicho don Diego o de la persona que heredare; solamente procure que el dicho diezmo sea pagado en la misma forma que arriba dije.

»Item: Porque no haya diferencias en el elegir de estos dos parientes más allegados que han de entrar con don Diego o con la persona que heredade, digo que yo luego elijo a don Bartolomé, mi hermano por la una, y a don Fernando, mi hijo, por la otra, y ellos, luego que comenzaren a entrar en esto, sean obligados de nombrar otras dos personas, y sean los más allegados a mi linaje y de mayor confianza, y ellos elegirán otros dos al tiempo que hubieren de comenzar a entender en este hecho. Y así irá de unos en otros con mucha diligencia, así en esto como en todo lo otro de gobierno y bien honra y servicio de Dios y del dicho mayorazgo para siempre jamás.

»Item: Mando al dicho don Diego, mi hijo, o a la persona que heredare el dicho mayorazgo, que tenga y sostenga siempre en la ciudad de Génova una persona de nuestro linaje que tenga allí casa y mujer, y le ordene renta con que pueda vivir honestamente, como persona tan allegada a nuestro linaje y haga pie y raíz en la dicha ciudad como natural de ella, porque podrá haber de la dicha ciudad ayuda y favor de las cosas del menester suyo, pues de ella salí y en ella nací.

»Item: Que el dicho don Diego, o quien heredare el mayorazgo envíe, por vía de cambios o por cualquier manera que él pudiere, todo el dinero de la renta que él ahorrare del dicho mayorazgo y haga comprar en su nombre y de su heredero unas compras a que dicen 'logos que tiene el oficio de San Jorge', los cuales ahora rentan seis por ciento, y son dineros muy seguros, y esto sea por lo que yo diré aquí.

»Item: Porque a personas de estado y de renta conviene, por servir a Dios y por bien de su honra, que se aperciba de hacer por sí y de se poder valer con su hacienda, allí en San Jorge está cualquier dinero muy seguro, y Génova es ciudad noble y poderosa por la mar; y porque al tiempo que yo me moví para ir a descubrir las Indias fui con intención de suplicar al rey y a la reina, Nuestros Señores, que de la renta que de Sus Altezas de las Indias hubiere, que se determinase de la gastar en la conquista de Jerusalén, y así se lo supliqué. Y si lo hacen, sea en buen punto, y si no, que todavía esté el dicho don Diego, o la persona que heredare, de este propósito de ayuntar el más dinero que pudiere para ir con el Rey Nuestro Señor, si fuere a Jerusalén a le conquistar, o ir solo con el más poder que tuviere; que placerá Nuestro Señor que si esta intención tiene o tuviere, que le dará El tal aderezo, que lo podrá hacer, y lo haga. Y si no tuviere para conquistar todo, le darán a lo menos para parte de ello. Y así que ayunte y haga su caudal de su tesoro en los lugares de San Jorge de Génova, y allí multiplique hasta que él tenga tanta cantidad que le parezca y sepa que podrá hacer alguna buena obra en esto de Jerusalén, que yo creo que después que el rey y la reina, Nuestros Señores, y sus sucesores vienen que en esto se determinan, que se moverán a lo hacer Sus Altezas o le darán el ayuda y aderezo como a criado y vasallo que lo hará en su nombre.

»Item: Yo mando a don Diego, mi hijo, y a todos los que de mí descendieren, en especial a la persona que heredare este mayorazgo, el cual es, como dije, el diezmo de todo lo que en las Indias hallare y hubiere, y la octava parte de otro cabo de las tierras y renta, lo cual todo, con mis derechos de mis oficios de almirante y visorrey y gobernador, es más de veinticinco por ciento, digo: que toda la renta de esto y las personas y cuanto poder tuvieren, obliguen y pongan en sostener y servir a Sus Altezas o a sus herederos bien y fielmente hasta perder y gastar las vidas y haciendas por Sus Altezas, porque Sus Altezas me dieron comienzo a haber y poder conquistar y alcanzar, después de Dios Nuestro Señor, este mayorazgo, bien que yo les vine a convidar con esta empresa en sus reinos y estuvieron mucho tiempo que no me dieron aderezo para la poner en obra; bien que de esto no es de maravillar, porque esta empresa era ignota a todo el mundo, y no había quien nunca lo creyese, por lo cual les soy en muy mayor cargo, y porque después siempre me han hecho muchas mercedes y acrecentado.

»Item: Mando al dicho don Diego o a quien poseyere el dicho mayorazgo, que si en la iglesia de Dios, por nuestros pecados naciere alguna cisma o que por tiranía alguna persona, de cualquier grado o estado que sea o fuere, le quisiera desposeer de su honra o bienes, que, so la pena sobredicha, se ponga a los pies del Santo Padre, salvo si fuere herético (lo que Dios no quiera), la persona o personas se pongan o determinen por obra de servir con toda su fuerza y renta y hacienda y en querer librar el dicho cisma y defender que no sea despojada la Iglesia de su honra y bienes.

160

»Item: Mando al dicho don Diego, o la persona que heredare o estuviese en posesión de dicho mayorazgo, que de la
cuarta parte que yo dije arriba que se ha de distribuir el diezmo
de toda la renta, que el tiempo que don Bartolomé y sus herederos tuvieron ahorrados los dos cuentos o parte de ellos y
que se hubiere de distribuir algo del diezmo en nuestros
parientes, que él y las dos personas que con él fueren nuestros parientes, deban distribuir y gastar este diezmo en casar
mozas de nuestro linaje que lo hubieren menester, y hacer
cuanto favor pudieren.

»Item: Que al tiempo que se hallare en disposición, que
mande hacer una iglesia, que se intitule Santa María de la
Concepción, en la isla Española, en lugar idóneo, y tenga el
mejor ordenado hospital que se pueda, así como otros en
Vastilla e Italia, y se ordene una capilla en que se digan misas
por mi ánima y de nuestros antecesores y sucesores con mucha
devoción; que placerá a Nuestro Señor de nos dar tanta gente
que todo se podrá cumplir lo que arriba dije.

»Item: Mando al dicho don Diego, mi hijo, o a quien heredare el dicho mayorazgo, trabaje para sostener la isla Española
cuatro maestros en la Santa Teología, con intención de trabajar y ordenar que se conviertan a nuestra santa fe todos los
pueblos de las Indias, y cuando pluguiere a Nuestro Señor
que la renta de dicho mayorazgo sea crecida, que así crezca
de maestros y personas devotas para tornar estas gentes cristianas, y para esto no haya dolor de gastar lo que fuera menester; y en conmemoración de lo que digo y de lo sobrescrito,
hará un bulto de mármol en la dicha iglesia de la Concepción,
porque traiga memoria de esto que yo digo al dicho don Diego
y a las otras personas que le vieren, en el cual bulto habrá un
letrero que dirá esto.

»Item: Mando a don Diego, mi hijo, o a quien heredare el
dicho mayorazgo, que cada vez se hubiere de confesar, que
primero muestre este compromiso o el testador de él a su

confesor, y le ruege que lo lea todo, porque tengo razón de lo examinar sobre el cumplimiento de él, y sea causa de bien y descanso de su ánima.»

Jueves, en 22 de febrero de 1498.
El Almirante.

«En la noble villa de Valladolid, a 19 días del mes de mayo, año del nacimiento de nuestro Señor Jesucristo de 1506, por ante mí, Pedro de Hinojedo, escribano de cámara de Sus Altezas, y escribano de provincia de la su Corte y Cancillería, y su escribano y notario público en todos los sus reinos y señoríos, y de los testigos de suyo escritos, el señor don Cristóbal Colón, almirante y visorrey y gobernador general de las islas y tierra firme de las Indias descubiertas y por descubrir que dijo que era; estando enfermo de su cuerpo dijo que, por cuanto él tenía hecho su testamento por ante escribano público, que él ahora ratificaba y ratifica el dicho testamento, y lo aprobaba y lo aprobó por bueno, y si necesario era lo otorgaba y lo otorgó de nuevo.

»Y ahora, añadiendo el dicho testamento, él tenía escrito de su mano y letra un escrito que ante mí el dicho escribano mostró y presentó, que dijo que estaba escrito de su mano y letras y firmado de su nombre, que él otorgaba y otorgó todo lo contenido en el dicho escrito, por ante mí el dicho escribano, según y por la vía y forma que en el dicho escrito se contenía, y todas las mandas en él contenidas para que se cumplan y valgan por su última postrimera voluntad.

»Y para cumplir el dicho su testamento que él tenía y tiene hecho y otorgado y todo lo en él contenido, cada una cosa y parte de ella, nombraba y nombró por sus testamentarios y cumplidores de su ánima al señor don Diego Colón, su hijo, y a don Bartolomé Colón, su hermano, y a Juan de Porras, tesorero de Vizcaya, para que ellos todos tres cumplan su testamento y todo lo que en él contenido y en el dicho escrito y todas las mandas y legados y obsequios en él contenidos. Para lo cual dijo que daba, dio, todo su poder bastante y otorgaba y que otorgó, ante mí el dicho escribano, todo lo contenido en el dicho escrito, y a los presentes dijo que rogaba y rogó que de ello fuesen testigos. Testigos que fueron presentes, llamados y rogados a todo lo que dicho es de suso, el bachiller Andrés Mirueña y Gaspar de la Misericordia, vecinos de esta dicha villa de Valladolid, y Bartolomé de Fresco y Alvaro Pérez y Juan Despinosa, y Andrés y Hernando de Vargas y Francisco Manuel Y Fernán Martinez, criados del dicho señor Almirante. Su temor de la cual dicha escritura, que estaba escrita de su mano y letra y firmada de su nombre, *de verbo ad verbum*, es ésta que sigue:

Cuando partí de España el año de quinientos y dos, yo hice una ordenanza y mayorazgo de mis bienes y de lo que entonces me pareció que cumplía a mi ánima y al servicio de Dios Eterno y honra mía y de mis sucesores; la cual escritura dejé en el monasterio de las Cuevas de Sevilla, a fray don Gaspar, con otras mis escrituras y mis privilegios y cartas que tengo del Rey y de la Reina, Nuestros Señores. La cual ordenanza apruebo y confirmo por ésta, la cual yo escribo a mayor cumplimiento y declaración de mi intención. La cual mando que se cumpla así como aquí declaro y se contiene, de lo que se cumpliera por ésta no se haga nada por la otra, porque no sea dos veces.

Yo constituí a mi caro hijo don Diego por heredero de todos mis bienes y oficios que tengo de juro y heredad, de que hice en el mayorazgo, y no habiendo el hijo heredero varón que herede mi hijo don Fernando por la misma guisa, y no habiendo él hijo varón heredero, que herede don Bartolomé, mi hermano, por la misma guisa y por la misma guisa, si no tuviere hijo

163

heredero varón, que herede otro mi hermano, que se entienda así, de uno a otro el pariente más allegado a mi línea, y esto sea para siempre. Y no herede nunca mujer, salvo si no faltase no se hallar hombre, y si esto accediese, sea la mujer más allegada a mi línea.

Digo que mi voluntad es que dicho don Diego, mi hijo, haya el dicho mayorazgo con todos mis bienes y oficios, cómo y por la guisa que dicho es, y que yo los tengo. Y digo que toda la renta que él tuviere por razón de la dicha herencia, que él haga diez partes de ella cada año, y que la una parte de estas diez la reparta entre nuestros parientes, los que parecieren haberlo más menester, y personas necesitadas y en otras obras pías. Y después, de estas nueve partes tome dos de ellas y las reparta en treinta y cinco partes, y de ellas haya don Fernando, mi hijo, las veintisiete, y don Bartolomé haya las cinco, y don Diego, mi hermano, las tres. Y porque como arriba dije, mi deseo sería que don Fernando, mi hijo, hubiese un cuento y medio y don Bartolomé ciento y cincuenta mil maravedís, y don Diego ciento, y no sé cómo haya de ser, porque hasta ahora la dicha renta del dicho mayorazgo no está sabida ni tiene número, digo que se siga esta orden que arriba dije y que placerá Nuestro Señor que las dichas dos partes de las dichas nueve abastarán y llegarán a tanto acrecentamiento que ellas habrá en dicho un cuento y medio para don Fernando, y ciento cincuenta mil para don Bartolomé y cien mil para don Diego. Y cuando placerá a Dios que esto sea a que si las dichas dos partes, se entiende de las nueves sobredichas, llegaren cuantía de un cuento y setecientos y cincuenta mil maravedís, que toda la demasía sea y la haya don Diego, mi hijo, o quien heredare; y digo y ruego al dicho don Diego, mi hijo, o a quien heredare,

Américo Vespucio, aunque viajó después que Colón, mereció la gloria de dar nombre al Nuevo Continente.

que si la renta de este dicho mayorazgo creciere mucho, que me hará placer acrecentar a don Fernando y a mis hermanos la parte que aquí va dicha.

Digo que esta parte que yo mando dar a don Fernando, mi hijo, que hago de ella mayorazgo para él, y que le suceda su hijo mayor, y así, de uno en otro perpetuamente, sin que la pueda vender ni trocar ni dar ni enajenar por ninguna manera, y sea por la guisa y manera que está dicho en el otro mayorazgo que yo he hecho en don Diego, mi hijo.

Digo a don Diego, mi hijo, y mando que en tanto que él tenga renta del dicho mayorazgo y herencia, que pueda sostener en una capilla, que se haya de hacer, tres capellanes que digan cada día tres misas, una a honra de la Santa Trinidad y otra a la Concepción de Nuestra Señora, y la otra por ánima de todos los fieles difuntos, y por mi ánima y de mi padre, y madre y mujer. Y que si su facultad abastare, que haga la dicha capilla honrosa y la acreciente las oraciones y preces por el honor de la Santa Trinidad, y si esto puede ser en la isla Española, que Dios me dio milagrosamente, rogaría que fuese allí donde yo la invoqué, que es en la vega que se dice de la Concepción.

Digo y mando a don Diego, mi hijo, o a quien heredare, que pague todas las deudas que dejo aquí en un memorial, por la forma que allí dice, y más las otras que justamente parecerá que yo deba. Y le mando que haya encomendada a Beatriz Enríquez, madre de don Fernando, mi hijo, que la provea que pueda vivir honestamente, como persona a quien yo soy en tanto cargo. Y esto se haga por mi descargo de la conciencia, porque esto pesa mucho en mi ánima. La razón de ello no es lícito la escribir aquí. Hecha a 25 de agosto de 1505.»

Sigue: Christo ferens.

«Testigos que fueron presentes y vieron hacer y otorgar todo lo susodicho al Sr. Almirante, según y cómo es de suso: los dichos bachiller de Mirueña, Gaspar de la Misericordi, vecinos de la villa de Valladolid, y Bartolomé de Fresco y Alvar Pérez, y Juan Despinosa y Andrés y Fernando Vargas y Francisco Manuel y Fernán Martínez, criados del dicho Señor Almirante.

»Y yo, el dicho Pedro de Hinojeda, escribano y notario público susodicho en uno con los dichos testigos, a todo los susodicho presente fui. Y, por ende, hice aquí este mi signo atal. En testimonio de verdad, Pedro Hinojeda, escribano.»

«Relación de varias personas a quien yo quiero que se den de mis bienes lo contenido en este memorial, sin que se le quite cosa alguna de ello. Hásele de dar en tal forma, que no sepa quién se las manda dar.

»Primeramente, a los herederos de Jerónimo del Puerto, padre de Benito del Puerto, chanciller de Génova, veinte ducados o su valor.

»A Antonio Vazo, mercader genovés, que solía vivir en Lisboa, dos mil quinientos reales de Portugal, que son siete ducados poco más, a razón de trescientos sesenta y cinco reales el ducado.

»A un judío que moraba a la puerta de la judería en Lisboa, el valor de medio marco de plata.

»A los herederos de Luis Centurión Escoto, mercader genovés, treinta mil reales de Portugal.

»A esos mismos herederos y a los herederos de Paulo di Negro, genovés, cien ducados o su valor.

»A Baptista Espínola o a sus herederos, si es muerto, veinte ducados. Este Baptista Espínola es yerno del sobredicho Luis Centurión, era hijo de Micer Nicolao Espínola

167

de Locoli de Ronco, y por señas, él fue estante en Lisboa el año 1482.

»La cual dicha memoria y descargo sobredicho, yo el escribano doy fe que estaba escrita de la letra propia del dicho testamento del dicho Don Cristobal, en fe de la cual firmo de mi nombre. Pedro de Azcoytia.»

Notas

* De ser cierta esta frase «nacido en Génova» no existiría el enigma que rodea el nacimiento y la fecha del mismo acerca de Colón. Por supuesto, se trata con toda seguridad de una interpolación, o tal vez del deseo manifiesto de Colón de ocultar, gracias a esta estratagema, a esta mentira, una más en la dilatada serie de las que dijo en su vida, un origen vergonzoso (¿quizá el del padre ahorcado por criminal o quizá el del padre judío, según el biógrafo Salvador de Madariaga?).

** Ante esta firma, que era más o menos como se muestra en esta página, unos de sus biógrafos comenta:

$$. \, S \, .$$
$$. \, S \, . \, A \, . \, S \, .$$
$$X \quad M \quad Y$$

«Para un hombre tan concienzudo y enigmático como el Almirante, no ofrece la menor duda que la importancia que da a la firma de su heredero encierra un profundo significado subjetivo». Las interpretaciones que se han dado a este singular capricho de Cristóbal Colón son tantas y tan eruditas que, no pudiéndolas dar todas ni entrar en las polémicas suscitadas, nos atenemos a la que nos parece más verosímil, que es la de don Salvador de Madariaga:

Lo primero que llama la atención en esta firma es su índole triangular. Lleva inevitablemente la imaginación a la cábala. Así, el propio Colón, al adoptar esta rigurosa costumbre tan poco usual de firmar con un triángulo de letras, e imponérselas además a sus sucesores, nos obliga a pensar en la ciencia oculta de los judíos. Esto bastaría para añadir otro elemento de interés a los abundantes indicios ya apuntados de su origen hebreo; pero ocurre que la interpretación cabalística de este triángulo de letras, y en particular las eses punteadas, transfigura esta firma en el escudo de David, doble triángulo o hexagrama.»

Y nosotros añadiremos que, si esa firma apunta a un origen judío, ¿acaso no estaba llena Barcelona de judíos por aquella época, hasta el punto de haber en la capital catalana un barrio llamado del Call, residencia de los innumerables judíos que allí había, y al extremo de poseer un cementerio propio en el bastión montuoso que domina el mar?[1]

Y hablando de este singular y errante pueblo, hemos de decir que en el siglo XVII, Gregorio García Montesinos y Manasé ben Israel formularon la curiosa tesis de que antecesores correligionarios de Colón, antes de su conversión, habían alcanzado América siguiendo el relato de que algunos descendientes de Cam pasaron de las islas de Cabo Verde a Pernambuco y de allí se esparcieron por todo América. Ya hemos visto cómo Cristóbal Colón, y con él todos los que participaban de sus ideas exegéticas, creían ver en los textos bíblicos profecías del descubrimiento; por ejemplo, en Isaías: «He aquí hombres que vendrán de lejos: unos, del norte y del mar; aquéllos, de la tierra austral...

---

[1] Es decir, la montaña de Montjuich: «monte judío o de los judíos».

Porque son como cielos nuevos y tierra nueva lo que haré permanecer ante mí, dijo el Señor.» Sin embargo, si navegar por el Atlántico entonces ya era bien difícil pero verosímil, por el Pacífico hacia las costas del Perú era tarea poco menos que imposible.

Prescindiendo, pues, de testimonios doctrinales, que ocuparían numerosas páginas, se señalan las extrañas semejanzas que en la época moderna han encontrado entre los antiguos usos y elementos de civilización judaica y los de la tribu americana de los dene-dindjiés, que llegó a extenderse sobre enormes espacios geográficos desde el mar de Hudson hasta los montes de las Cascadas.

El P. Pétitot, en su estudio presentado en el Congreso Americanista de Nancy, expuso que la citada tribu, como los judíos, «practican la circuncisión; se les prohíbe casarse fuera de la tribu; la carne de perro la consideran inmunda. Jamás comen ciertas partes del cuerpo de los animales, sobre todo los nervios de las piernas. Siguen ciertos ritos con la sangre de los animales cazados. La serpiente es su espíritu del mal. Hablan de la creación del mundo en seis días, afirman la unidad de la especie humana... conocen el pecado original, el Diluvio y la dispersión de las lenguas...».

Sin embargo, las puras coincidencias no son suficientes pruebas de peso sino producto a veces de una casualidad, como por ejemplo, el Diluvio, producido al fundirse los hielos del período magdaleniense, fue universal... Sin embargo, la discusión continúa y continuará indefiniblemente[2].

---

[2] Véase R. BALLESTER, *Grandes enigmas de la Historia, op. cit.*

EPÍLOGO

Como ya sabemos, el propósito de Cristóbal Colón habría sido alcanzar el continente asiático navegando hacia el Oeste, para de esta manera acceder más directamente a centros de producción de mercancías tan apreciadas como el oro y las especias.

Colón, erróneamente, pensaba que el diámetro de la Tierra era bastante más pequeño de lo que es en realidad.

Sin embargo, también sabemos que el resultado de su empresa fue muy distinto al que se había propuesto y que tuvo como consecuencia posibilitar la exploración y posterior explotación de unas tierras que hasta el momento eran desconocidas.

De todas formas, la idea de llegar a Asia por la ruta occidental no se olvidó; de esta forma, Vasco Núñez de Balboa reveló, en 1513, la existencia de otro mar al alcanzar la costa del Pacífico a la altura de Panamá, y un tiempo después el portugués Magallanes, al servicio de la Corona de España, reemprendió los planes colombinos. Después de haber recorrido todo el litoral sudamericano hasta alcanzar el Pacífico por el estrecho que ahora lleva su nombre, en 1521, desembarcó en una de las islas del archipiélago que más tarde recibiría el nombre de Filipinas, donde murió. En 1522, una pequeña parte de la flota inicial al mando de Sebastián Elcano fondeaba en Sanlúcar de Barrameda, luego de haber realizado el primer viaje de circunnavegación de la Tierra.

171

Por lo tanto, la posibilidad de arribar a Asia navegando hacia el Oeste como pretendía Colón había quedado demostrada, pero lo cierto es que esa nueva ruta no sería demasiado utilizada a partir de entonces. Verdad es que desde Filipinas se pudo entrar en contacto con China, pero el tráfico entre América y el nuevo archipiélago quedó reducido a un solo galeón anual. En realidad, la ruta del comercio hacia Asia sería la encontrada por Vasco de Gama, es decir, circunnavegando por África, lo que originaría un provechoso tráfico y en la que las huellas de los portugueses serían seguidas por holandeses, ingleses y franceses.

Antes de la empresa de Magallanes había quedado subsanado el error de Colón al pensar que había tocado tierras indias. La confirmación de que las nuevas tierras formaban parte de un nuevo continente la dio Américo Vespucio, un matemático y cosmógrafo, que realizó varios viajes en los años noventa, llegando en 1502 hasta casi el extremo sur del continente americano.

En su recorrido por las costas meridionales observó constelaciones desconocidas y el cambio estacional, que hacía que se encontraran en invierno cuando en Europa se estaban muriendo de calor, lo cual le llevó a la conclusión de que se trataba de un nuevo continente. Sin embargo y a pesar de esto, durante mucho tiempo se siguió utilizando el nombre de Indias Occidentales y sus habitantes fueron denominados definitivamente «indios».

La conquista que iniciara Colón fue continuada durante varios años por muchos españoles que supieron afrontar los peligros y las duras condiciones de vida, atraídos y estimulados sobre todo por las inmensas riquezas que esperaban conquistar.

Hernán Cortés y Pizarro, con sus conquistas respectivas de México y Perú, convertirían los dominios de la Corona española en una fuente incalculable de riquezas, aunque no

Este es uno de los primeros mapas de América realizado muchos años después de la muerte de Colón.

sólo para España —que sabemos que no duraron mucho—, sino para Europa en general. Pero, cuando menos al principio, el descubrimiento del nuevo continente, acompañado por sus importantes yacimientos de metales preciosos, colmaba las aspiraciones puestas en las primeras expediciones. No se había alcanzado la ruta de las especias, pero sí la del oro y, sobre todo, la de la plata, que había sido el objetivo buscado desde el 12 de octubre de 1492.

Mas, por desgracia, la llegada de españoles a América hizo que aquel continente sufriera muchas transformaciones, y sobre todo devastaciones. En muy pocos años la población indígena se vio sometida y diezmada por un número de españoles que les aventajaban en armamento y tácticas militares, y ante los cuales resistirse era una empresa inútil.

Los indios fueron obligados a trabajar como esclavos, a realizar duros trabajos en los campos y las minas. Además, la población indígena fue presa fácil de las enfermedades importadas de Europa. Así, el resultado fue que en pocos años se redujo la población, lo cual empujó a los colonos a la caza del indio, pues la desaparición de la mano de obra suponía la falta de medios para subsistir.

En algunas zonas, como las Antillas, los indios llegaron a desaparecer casi en su totalidad, y en otras quedaron como un sector marginal de la población. Las medidas de protección de los indios que tomaron los reyes españoles, como la prohibición de esclavizarlos, y las recomendaciones de buenos tratos que se hacían a los colonos, no llegaron a erradicar, sin embargo, los frecuentes abusos.

Estos indígenas, que tenían tan triste destino con los españoles conquistadores, habían llamado de forma poderosa la atención en los círculos intelectuales europeos. Las primeras descripciones de Colón acerca de los pueblos de las Antillas reflejaban un cierto asombro del hombre que, esperando encontrar quizá seres monstruosos, se encontraba frente a personas como él. Precisamente, la naturaleza de aquellos hombres llevó a la idealización del indio, considerándolo como un ser inocente y puro que se había mantenido fuera de los vicios y la corrupción que, contrariamente, se veían tan extendidos por Europa. Así surgió la imagen del «buen salvaje», cuya vida en un medio natural en el que no se conocía la guerra serviría posteriormente a los intelectuales europeos para criticar los grandes males de los Estados más desarrollados.

Ya antes de esto, en el siglo XVI, América se había presentado para los humanistas y los eclesiásticos como una tierra cuya abundancia y población permitiría restablecer una sociedad justa y acorde con las enseñanzas de la Iglesia. Pero en el momento en que precisamente los religiosos intentaban cristianizar a aquellos paganos, se encontraban, en la mayoría de los casos, con un gran número de dificultades al comprobar que, aunque no ponían demasiadas trabas a ser bautizados en la fe de Cristo, generalmente volvían pronto a sus rituales y creencias. Precisamente, la evangelización de aquellas tierras fue una de las principales metas de los reyes de la Corona española. Así se hacía creer que los españoles habían sido elegidos por la divinidad para dar a conocer el Evangelio entre aquellos seres «ignorantes».

Y gracias a este proceso de cristianización de los indígenas, hoy en día conocemos muchos datos acerca de la colonización, pues fueron, sobre todo, los encargados de evangelizar a los indígenas quienes más se dedicaron a escribir sobre las hazañas de los españoles en aquellas tierras. Así tenemos, por ejemplo, a fray Bartolomé de Las Casas, ferviente defensor de los derechos de los indios, quien nos ha dejado un buen legado de las barbaridades a que eran sometidos esos seres tomados, muchas veces, por simples animales.

Fray Bartolomé de Las Casas, monje dominico, trató, durante toda su vida, de conseguir una protección eficaz por parte de la Corona para sus nuevos súbditos, influyendo considerablemente con sus denuncias en la elaboración de unas leyes de Indias que trataban de evitar la desaparición de la población autóctona.

Fray Iñigo Abbad y Lasierra, en su *Historia de Puerto Rico*, nos explica anécdotas curiosas, como la que sucedió a un tal Salcedo, el cual fue el primer muerto español que conocieron los habitantes de Borinquén, descubriendo, de esta manera, que los españoles no eran en absoluto inmortales, tal y como venían hasta entonces creyendo. Pero también nos ha legado la explicación de personajes españoles que fueron a colonizar la isla buscando única y exclusivamente un rápido enriquecimiento que les posibilitara un ascenso social.

Los conquistadores, en realidad, eran hombres atrevidos que sentían deseos de aventura y eran capaces de enfrentarse a situaciones arriesgadas con el único propósito de convertirse en propietarios. Casi desde un principio, la emigración de esos hombres fue controlada por el Estado español que, desde la Casa de Contratación de Sevilla, fiscalizaba todas las embarcaciones con destino a América. Cuando los españoles llegaban al Nuevo Mundo, no era difícil conseguir tierras que serían trabajadas por los indios confiados a ellos por medio de las encomiendas —contratos por los cuales se establecía la obligación de los indios de trabajar para un señor y, por correspondencia, la obligación de éste de adoctrinarlos—.

Pero el rápido descenso de la población indígena en aquellas tierras colonizadas, unido a la resistencia del indio al trabajo forzado, que hacía frecuentes las fugas, pronto convencieron a los propietarios españoles a utilizar esclavos negros en sus tierras. Así, en poco tiempo se vieron las ventajas de esta mano de obra, más dócil y resistente que la india. La población negra se aclimató bien al trabajo agrícola en las plantaciones de caña de azúcar, algodón o tabaco de las tierras caribeñas, cuya primitiva población taína se había ido extinguiendo.

Por otro lado, una de las primeras consecuencias de la presencia española en América fue la aparición del mestizaje, pues los españoles no eran demasiado remilgados —a diferencia de ingleses y holandeses— en el momento de encontrar pareja y empezar un concubinato.

Fue notable, ciertamente, para España el descubrimiento de América. No obstante, creemos poder afirmar sinceramente que no se supo aprovechar. Al poco tiempo de haber empezado la conquista de América, la mayor parte del oro y de la plata que entraba por el puerto de Sevilla salía para pagar las enormes deudas europeas que los monarcas españoles de los siglos XVI y XVII contraían con sus interminables guerras.

Y pronto, como era de suponer, ingleses, franceses y holandeses se interesaron por aquel continente. Deseaban poder comerciar directamente y crear sus propias colonias, evitando, de esta forma, que España sirviera de intermediario. Por otro lado, la incapacidad de la economía española para bastarse a sí misma hizo que España se viera obligada a recurrir a los mercados europeos para satisfacer las exigencias de las colonias instaladas en América.

Así que aquellas tierras que el navegante Cristóbal Colón había considerado como una parte desconocida del continente asiático se habían convertido, poco tiempo después, en un mundo lleno de posibilidades para los habitantes de Europa.

Hasta entonces el principal centro comercial era el Mediterráneo, del que se lucraban, sobre todo, puertos como los de Barcelona, Valencia, Marsella, Génova, Venecia... La nueva ruta desplazó el intercambio al Atlántico. Los puertos mediterráneos decayeron en beneficio de Lisboa, Sevilla y Cádiz; más adelante florecerían Londres, Amberes, Amsterdam. La batalla de Lepanto en 1571 contra los turcos, fue el último intento por parte catalana de revalorizar el antiguo

Mare Nostrum, cosa que no sucederá realmente hasta la apertura del canal de Suez en 1869.

La agricultura europea se enriqueció con plantas americanas: maíz y tabaco a fines del siglo XVI. Los españoles en América cultivaron el azúcar (procedente de la India y llegada a través de los árabes) en las costas tropicales —en Europa aumentó la demanda de este producto— y fomentaron la ganadería del Viejo Continente en las montañas. Las rutas del norte de América introdujeron el pescado en los hábitos alimenticios de los navegantes europeos.

Los metales preciosos de las minas americanas provocaron subidas de precio en Europa y las teorías económicas consideraron la posesión de metales preciosos (oro y plata) como la principal riqueza.

La sociedad se transformó. Burgueses, artesanos y comerciantes se enriquecen, en perjuicio de los nobles, cuyas tierras pierden valor. Se producen las primeras concentraciones de capital y cobraron auge los grandes banqueros. Pero al no aumentar los salarios, muchos obreros y muchos campesinos se empobrecen por la subida de precios.

Cambió también la mentalidad. Los conocimientos geográficos sufrieron una revolución formidable. Del primer mapa de América, de Juan de la Cosa, a los posteriores, se va paso a paso rectificando, midiendo, detallando. Se empieza a pensar que el conocimiento científico, y no sólo el geográfico, exige el contacto con la realidad. Por otra parte, los grandes viajes oceánicos exigían unas técnicas de navegación y unos barcos cada vez más rápidos y más seguros.

El mundo será distinto. La Historia cambiará su curso. Desde Cristóbal Colón, los navegantes y los conquistadores le han enseñado nuevos caminos.

CRONOLOGÍA

1451 — Según parece, Cristóbal Colón nace en Génova, hijo de Susana Fontanarosa y de Doménico Colombo, *magister textopannarum*.

— El 22 de abril nace Isabel de Castilla, en Madrigal de las Altas Torres.

1452 — Nace don Fernando de Aragón.

1453 — Nace el hermano de Cristóbal Colón, Bartolomé Colón.

1454 — Guerra entre Génova y Aragón.

— Muere el rey Juan II, siendo proclamado rey de Castilla, Enrique IV de Trastámara.

1455 — Publicación de las *Cartas marinas* de Pareto.

— Matrimonio de Enrique IV con su segunda esposa, doña Juana de Portugal.

— Bula *Romanos Pontifex*, dando a Portugal las tierras descubiertas y por descubrir, con exclusión de aquellas regidas por príncipes cristianos.

1456 — Nace Francisco Jiménez, más adelante cardenal Cisneros.

— Bula del papa Calixto III, reconociendo los derechos portugueses *Usque ad Indos* (*más allá de las Indias*).

1458 — Fin de la guerra entre Aragón y Génova.

1460 — La familia Colón se traslada a Savona.
— Nace Pedro Alvares Cabral.
— Los portugueses llegan a Guinea y las Azores.
— Los nobles se conjuran contra Enrique IV de Castilla.
— Muere Enrique el Navegante.

1461 — Menos tráfico comercial en Génova.
— Fallece el príncipe de Viana.
— Don Fernando es el heredero de la Corona de Aragón.

1462 — Nace Juana la Beltraneja.
— Sublevación de la nobleza catalana contra Juan II. Primera rebelión de los payeses de remansa.

1463 — Proyecto matrimonial entre la infanta Isabel y Alfonso V de Portugal.
— Pérdidas del Rosellón y la Cerdaña.
— Entrevista de Enrique IV de Castilla con Luis XI de Francia junto al Bidasoa.

1464 — Se presiona a Enrique IV para que nombre heredera a Isabel.
— Dispensa del papa Pío II ante un posible futuro matrimonio de Fernando de Aragón con Isabel de Castilla.
— Los catalanes rebeldes eligen por rey al condestable Pedro de Portugal.

1465 — Se hace coronar el infante don Alfonso, y obra como rey.

1468 — Nace Jaime Colón, hermano de Cristóbal.
— Se publican las *Cartas marinas* de Grazioso Benincasa.

1469 — Lorenzo de Medici, el Magnífico, sucede a su padre en Florencia.

1469 — Isabel y Fernando se entrevistan por primera vez en Valladolid. Boda entre ambos.
— Axayacatl es nombrado emperador de los aztecas.

1470 — Nace la infanta Isabel.
— Enrique IV revoca el pacto de Guisando y nombra heredera a Juana la Beltraneja.

1471 — Los incas emprenden la conquista del Ecuador.
— Topa Inca llega al norte de Quito.

1472 — Fernando de Aragón acude en ayuda de su padre contra la ciudad de Barcelona.
— Capitulaciones de Pedralbes: fin de la guerra civil en Cataluña.

1473 — Isabel de Castilla se entrevista con Enrique IV en Segovia.
— Pedro González de Mendoza es nombrado cardenal.

1474 — Nace en el barrio sevillano de Triana Bartolomé de las Casas.
— Cristóbal Colón toma parte en una expedición a la isla de Quios.
— Muere Enrique IV.
— Isabel es proclamada reina en Segovia.
— Se inicia la guerra de sucesión al alegar sus derechos como presunta hija del rey Juana la Beltraneja.

1475 — Nace Vasco Núñez de Balboa.
— Los turcos ocupan la península de Crimea.

1476 — Nace Francisco Pizarro.
— Colón llega a Portugal como náufrago de un combate entre naves genovesas y una escuadra francesa, al mando del almirante Coullon.
— Batalla de Toro.

1477 — Creación del cargo de protomédico en Castilla.

1478 — Cristóbal Colón efectúa una expedición marítima a las islas de Madeira en busca de azúcar mandado por Paolo di Negro
— Fernando e Isabel reivindican las islas Canarias.

1479 — Colón reclama una indemnización a la Casa Centurione y a Paolo di Negro por incumplimiento de contrato por la adquisición de azúcar en la isla de Madeira.
— Colón se casa con Felipa de Perestrello.
— Tratado de Alcaçobas entre Castilla y Portugal: Castilla se incorpora las islas Canarias a cambio de renunciar a la empresa atlántica.
— Muere Juan II de Aragón y le sucede su hijo (Fernando II de Aragón y V de Castilla).
— Finaliza la guerra de sucesión castellana.
— Comienza el reinado de los Reyes Católicos en las Coronas de Castilla y Aragón.

1480 — Las Cortes de Toledo inician la recopilación de las *Ordenanzas*.
— En la Corona de Aragón se publica la *Constitució de l'observança*.
— Se inicia en Sevilla la actuación del nuevo tribunal de la Inquisición, única institución común a todos los reinos de la monarquía española.

1481 — Empeora la situación económica de Cataluña.
— Muley Hassan conquista Zahara.
— Se inicia la guerra de Granada.
— Muerte de Alfonso V de Portugal. Juan II es nombrado rey de Portugal.

Sin que el Rey Fernando atendiera a sus lamentaciones, Colón murió en Valladolid el 20 de mayo de 1506.

1482 — Nace el hijo de Colón, Diego.

— Cristóbal Colón viaja a Guinea. Allí fundan la plaza de San Jorge de la Mina.

— Cristóbal Colón conoce la carta y el mapa de Toscanelli.

— Toma de Alhama.

— Una expedición al mando de Alfonso Fernández de Lugo funda enclaves españoles en Canarias.

— Gran Canaria es sometida a la Corona de Castilla.

1484 — Colón presenta su proyecto de «buscar muchas islas y tierras por el océano occidental» a Juan II de Portugal.

— Muere la esposa de Cristóbal Colón.

— Colón reside unos meses con el duque de Medina-Sidonia.

— Toma de Antequera.

— Segunda rebelión de remensas en Cataluña.

1485 — Nace Hernán Cortés.

— La Junta dos Matemáticas rechaza el proyecto de Colón por inviable.

— Colón llega al convento de La Rábida.

— Don Fenando se apodera de la plaza de Ronda, en la guerra de Granada.

1486 — Colón se entrevista con los reyes de Castilla y Aragón, Isabel y Fernando.

— Se celebran juntas en Salamanca para examinar el proyecto.

— Isabel concede una pensión modesta a Cristóbal Colón.

1486 — Toma de Loja, Illora y Moclín en la guerra de Granada.

— Sentencia arbitral de Guadalupe. Fernando el Católico reconoce una serie de derechos a los payeses catalanes.

1487 — Se celebran juntas en Córdoba para examinar el proyecto de Cristóbal Colón.
— Conquista de Vélez-Málaga.
— Colón asiste a la toma de Málaga.
— Los reyes rechazan su proyecto mientras dure la guerra de Granada.

1488 — Cristóbal Colón conoce a Beatriz Enríquez de Arana.
— Escribe al rey de Portugal y viaja a Lisboa.
— Envía a su hermano Bartolomé a ofrecer sus ideas a las cortes de Inglaterra y Francia.
— Toma de Huéscar, Cuevas, Vélez Blanco y Vélez Rubio, en la guerra de Granada.
— Nace el segundo hijo de Colón, Fernando, fruto de sus relaciones con Beatriz Enríquez de Arana.

1489 — Su hermano Bartolomé no tiene éxito al ofrecer el proyecto a los reyes de Francia e Inglaterra.
— Cristóbal Colón vuelve a Castilla, siendo recibido por Isabel.
— Toma de Baza, Guadix y Almería.

1490 — Cristóbal Colón sigue a la corte trashumante hasta Sevilla.
— Don Fernando realiza una incursión por la vega granadina.
— Su hija Isabel contrae matrimonio con don Alfonso, infante de Portugal.

1491 — Colón recibe una carta esperanzadora del rey Carlos VIII de Francia, y decide viajar a París.
— Llega a La Rábida para despedirse de su hijo Diego.
— Fray Juan Pérez escribe a la reina Isabel de Castilla.
— Isabel envía a Colón veinte mil maravedíes para que vaya a Santa Fe.

1492 — Conquista de Granada.
— Capitulaciones de Santa Fe.
— El 3 de agosto, Cristóbal Colón zarpa de Palos. Se aprovisiona en La Gomera.
— El 12 de octubre llega a la isla de Guanahaní. Recorre las de Santa María de la Concepción, Fernandina, Saometo, isla de la Arena y de Cuba, a la que denomina Juana.
— Llega a Haití en busca de oro.
— Encalla la nao *Santa María* y con sus restos construye el fuerte Navidad.
— Se produce la expulsión de los judíos de Castilla y Aragón.

1493 — Bula *Inter Cætera*, por la que el papa Alejandro VI fija las zonas de expansión de Portugal y Castilla.
— Cristóbal Colón parte de La Española rumbo a España.
— El 4 de marzo, Colón llega a Lisboa.
— El 15 de marzo los reyes reciben a Colón en Barcelona.
— El 22 de septiembre, Colón parte de Cádiz, y después de aprovisionarse en la isla Hierro, la flotilla penetra en las pequeñas Antillas, llegando poco después a la isla de Borinquén (Puerto Rico), y en noviembre a Navidad, que halla arrasada. Colón construye otro fuerte y una iglesia.
— Conquista de Tenerife.

1494 — Se funda La Isabela, primera villa en América.
— Zarpan de La Isabela con destino a España doce barcos al mando de Antonio de Torres, cargados de oro, especias, animales exóticos e indios esclavizados.

186

1494 — Colón emprende la conquista interior de La Española y organiza la explotación aurífera.
— Explora las costas de Cuba y Jamaica.
— Pedro, Margarit y el padre Boyl regresan a España y presentan acusaciones contra el almirante.

1495 — Cristóbal Colón envía a España un cargamento de esclavos.
— Los reyes de España desautorizan la esclavización hasta que una junta de letrados y teólogos se pronuncie sobre el tema.
— Llega a La Isabela el supervisor real, Juan de Aguado.
— Colón decide regresar a España para hacer frente a las acusaciones.
— Muerte de Juan II de Portugal.
— Francisco Jiménez de Cisneros, arzobispo de Toledo.

1496 — Cristóbal Colón regresa con el supervisor Juan de Aguado, con dos carabelas y más esclavos.
— El rebelde Coanabó muere durante la travesía.
— Llegada a Cádiz el 11 de junio.
— Se casa la princesa Juana con Felipe el Hermoso.
— Conquista de Melilla.

1497 — Cristóbal Colón hace testamento.
— Comienzan en abril los preparativos para una nueva expedición.
— Ante las dificultades para enrolar marineros, soldados y campesinos, los reyes ordenan que se recluten criminales condenados a muerte.

1497 — Boda del príncipe heredero con Margarita de Flandes.
— El príncipe muere el 3 de octubre.

1498 — El 30 de mayo zarpan de Sevilla cinco carabelas y una nao.

— Aprovisionamiento en La Gomera. De allí, un grupo se dirige a La Española para llevar víveres y refuerzos.

— El grupo, a cuyo frente va Cristóbal Colón, llega a las islas de Cabo Verde el 27 de junio.

— Llegada en julio a Trinidad.

— En agosto, llegada a Santo Domingo, y Colón se entera de que el cacique Guarionex y el alcalde se han apoderado de las carabelas con las provisiones. Se produce una situación muy tensa y Colón ha de pactar con Roldán.

— El portugués Vasco de Gama rodea África y llega a la India.

1499 — Hernando Ladrón de Guevara y Adrián de Múgica se levantan contra Francisco Roldán y Colón.

— Colón y Bartolomé reprimen la sublevación con gran dureza.

— Fernando de Aragón es nombrado Gran Maestre de Santiago.

1500 — Francisco de Bobadilla, comprobadas las acusaciones contra Colón y sus hermanos, Bartolomé y Diego, los hace encarcelar.

— Llegan a Cádiz en noviembre.

— Cristóbal Colón se entrevista con los reyes y es puesto en libertad.

— El portugués Álvarez Cabral explora las costas de Brasil. Su compatriota Gaspar Corte Real descubre Terranova y las costas del nordeste de América.

1501 — Nicolás de Ovando es nombrado gobernador de las Indias con plenos poderes por dos años.

— Alonso de Ojeda recibe un otorgamiento real para descubrir tierras y fundar colonias en las Indias.

— Expulsión de los mudéjares de Granada y de Castilla.

1502 — Cristóbal Colón sale de Sevilla y llega a la Martinica.

— Aquel verano recorre Honduras, Nicaragua y Costa Rica.

— En octubre, llega a Boca de Dragón y Boca de Toro, y después a la laguna panameña de Chirique. Bordea las costas de la región de Veragua.

— Moctezuma II es nombrado emperador de los aztecas.

1503 — Colón funda en Santa María de Belén la primera colonia española del continente americano.

— Después de grandes catástrofes y completamente agotado, llega a las islas del Jardín de la Reina, al sur, y más tarde arriba a Jamaica.

— En España, Nicolás de Ovando recibe poderes especiales de los Reyes Católicos en el gobierno de las Indias.

— Se crea la Casa de Contratación en Sevilla.

1504 — Tras permanecer abandonado un año en Jamaica, Cristóbal Colón llega a Santo Domingo y zarpa rumbo a España.

— Desembarca el 7 de noviembre en Sanlúcar de Barrameda.

— Hernán Cortés embarca en este puerto gaditano hacia las Indias.

— El 20 de noviembre fallece la reina Isabel la Católica.

1505 — A finales de mayo, el rey Fernando le niega a Colón la mayor parte de los derechos y privilegios concedidos anteriormente por la Corona.

— Tercer viaje de Alonso de Ojeda, que bordea las costas que se extienden desde el golfo de Paria al istmo de Panamá.

1506 — El 20 de mayo muere en Valladolid Cristóbal Colón.

— Juana y Felipe son jurados reyes de Castilla.

— El rey Fernando se casa con la que ya era su amante, Germana de Foix.

ÍNDICE

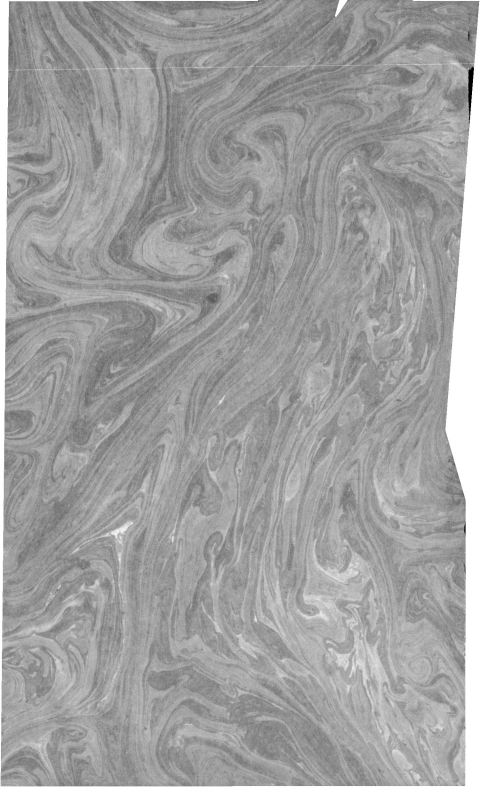